Wege zur Harmonie

Howard Reid

Wege zur Harmonie

Chi Gong, Hsing I, Pa Kua, T'ai Chi Chuan

Unter Mitarbeit von
Danny Connor, Lam Kam Chuen,
Nigel Sutton und Robin Rusher
Fotografien Fausto Dorelli
Übersetzung Ulli Olvedi

Weltbild Verlag

A Gaia Original

Autoren: Howard Reid zusammen mit Danny Connor, Lam Kam Chuen, Nigel Sutton und Robin Rusher.
Fotografien: Fausto Dorelli
Redaktion: Roslin Mair
Design: Sara Mathews
Illustrationen: Debbie Hinks, Brian McKenzie
Kalligraphie: Mew Hong Tan
Herstellung: Susan Walby
Gesamtleitung: Lucy Lidell, Casey Horton, Patrick Nugent

Originalverlag: Unwin Hyman Limited, London 1988
Titel der Originalausgabe: THE WAY OF HARMONY
A Guide to the Soft Martial Arts
Übersetzung aus dem Englischen: Ulli Olvedi

Genehmigte Lizenzausgabe für
Weltbild Verlag GmbH, Augsburg 1995

Printed in Spain
ISBN 3-89350-650-0

Anmerkungen zur Aussprache der chinesischen Begriffe

Die Schlüsselwörter in diesem Buch basieren auf chinesischen Schriftzeichen, die eher Ideen repräsentieren als einfach nur Wortklänge. Die geschriebene Schriftsprache Chinas, Standardchinesisch oder Mandarin, ist für Millionen von Chinesen verbindlich; doch die gesprochene Sprache ist bei weitem komplizierter. Da gibt es eine verwirrende Vielzahl von regionalen und lokalen Dialekten – ein Kantonese kann zum Beispiel das gesprochene Mandarin-Chinesisch nicht verstehen, und ein Chinese aus Shanghai wird keinen der beiden verstehen. Dies macht den Versuch, eine allgemeingültige chinesische Aussprache für westliche Menschen festzulegen, zwangsläufig schwierig. Aber es gibt traditionelle westliche Ausspracheweisen für die wichtigsten Begriffe in diesem Buch:

Chi spricht man wie »tschie«; **Tan Tien** wie »dan di-en«; **Chi Gong** (diese von Vietnamesen verwendete Schreibweise hat sich im Westen eingebürgert; die chinesische Form ist Chi Kung) wie »tschi gong«; **Ba Duan Jin** wie »ba duwan dschin« – mit stimmhaftem »Dsch«; **Hsing I** wie »sing ji«, wobei das »s« leicht mit »h« angestimmt wird; **Pa Kua** wie »ba gua« und **T'ai Chi Chuan** wie »tai tschi dschuan«.

Leider hat dieser übliche Sprachgebrauch ein paar Unregelmäßigkeiten. Ba und pa werden wie »ba« gesprochen (beides bedeutet »acht«); und Hsing I und Pa Kua heißen mit vollem Titel Hsing I Chuan und Pa Kua Chang.

Offizielle Schreibweise der chinesischen Begriffe

Die Schreibweise, die wir in dieser Ausgabe verwenden, ist auch innerhalb der westlichen Kampfsportarten üblich. Doch muß darauf hingewiesen werden, daß die Pin-Yin-Transliteration, wie sie von der Volksrepublik China der korrekten Aussprache wegen empfohlen wird, bei uns immer gebräuchlicher wird (Peking wird *Beijing* geschrieben). Die Pin-Yin-Schreibweise der chinesischen Schlüsselbegriffe in diesem Buch ist folgende:

Chi – *Qi;* **Tan Tien** – *Dan tien;* **Chi Gong** – *Qi Gong;* **Ba Duan Jin** – *Ba Duan Gin;* **Hsing I** – *Xing Yi;* **Pa Kua** – *Ba Gua;* **T'ai Chi Chuan** – *Tai Ji Quan.*

Spezielle Begriffe in Kampfsport und Bewegungskunst

Es gibt neben den oben genannten chinesischen Wörtern noch weitere spezielle Begriffe in diesem Zusammenhang. Am gebräuchlichsten ist das Verb »kreisen«, das sich auf die Armbewegungen in den Übungen bezieht. Ob man nach oben oder nach unten, zur einen oder zur anderen Seite kreist: immer ist es eine sanfte, abgerundete Bewegung, wobei der leicht angewinkelte Arm einen Bogen beschreibt. Die Pfeile in den Illustrationen zu den Übungen weisen Ihnen die jeweilige Richtung im Kreis. Ein anderes gebräuchliches Wort ist »Form«; es bezieht sich auf eine Übung oder eine Haltung. Eine Form kann eine längere Folge von Bewegungen sein, wie etwa die T'ai-Chi-Kurzform, manchmal aber sind es nur ein paar Schritte, wie in den zwölf Tierformen im Hsing I.

Anmerkung
Die meisten Übungen in diesem Buch sind sehr sanft und entspannend, aber Sie sollten alle Anweisungen mit größter Genauigkeit befolgen.

Inhalt

Alle Dinge haben den Schatten hinter sich (Yin)
Und das Licht vor sich (Yang),
Und der undingliche Atem (Chi)
bringt sie in Harmonie.

aus Laotse: *Tao Te King*

Einleitung

Wenn von den Bewegungskünsten – meist »Kampfsport« genannt – die Rede ist, so beschwört das bei vielen das Bild östlicher Kung-Fu-Kämpfer, die durch die Luft fliegen, herauf, oder eines Stapels von Ziegelsteinen, die mit einem Karateschlag zerschmettert werden. Das sind Bilder von Aggression, Gewalt und Zerstörung. Wenn man jedoch die Bewegungskünste in diesem Licht betrachtet, so heißt das, ihren philosophischen Gehalt zu ignorieren und eine sehr wichtige Kategorie dieser Künste zu übersehen. Denn innerhalb dieser chinesischen Bewegungsformen gibt es eine besondere Gattung – die »sanften« oder »inneren« Künste –, die sich jenseits der engen Grenzen kampfsportlicher Fähigkeiten entwickelt hat. Die sanften Künste, zu denen Chi Gong, T'ai Chi Chuan, Hsing I und Pa Kua zählen, wurden in einer Weise vervollkommnet, die es dem Praktizierenden ermöglicht, sich intensiv als Einheit von Körper, Geist und Seele zu erfahren; man verwendet sie sogar zur Heilung von Verletzungen und Krankheiten. Diese Künste sind einzigartige und unübertroffene Methoden der persönlichen Entwicklung und vermitteln dem, der mit ihnen arbeitet, ein tiefes Gefühl für Reichtum und Einheit des Lebens.

Doch warum sollten ausgerechnet Sie den Wunsch haben, es mit einer dieser sanften Bewegungskünste zu versuchen? Einer der überzeugendsten Gründe dafür ist sicher der, daß sie ein umfassendes und systematisiertes Übungsprogramm bieten, das den gesamten Körper kräftigt, ohne ihn zu überanstrengen. Auch das Verletzungsrisiko ist mehr als gering. Alle Übungen in diesem Buch können von Menschen jeglichen Alters ausgeführt werden, und sie beziehen nahezu jeden Teil des Körpers mit ein. Die Chinesen sind sogar der Überzeugung, daß durch diese Übungen auch die inneren Organe wie Herz und Leber massiert und gekräftigt werden, ebenso Muskeln, Sehnen und Bänder. Sportarten wie Tennis, Squash oder Joggen trainieren hingegen nur bestimmte Körperbereiche, und die Möglichkeit einer Muskelverspannung oder -überdehnung bei Überanstrengung ist groß.

Noch wichtiger jedoch ist, daß die sanften Künste zu neuen Ebenen der Selbsterkenntnis und Wahrnehmung führen und lehren, wie der Körper mit dem Geist und dem inneren Wesen, der Seele, in Verbindung steht. Die Schulung in diesen Künsten hilft Ihnen, die innere, tiefere Seite Ihrer selbst zu entdecken und zu entwickeln – eine Seite, die so viele von uns ignorieren oder verstecken. Die sanften Künste basieren wie Yoga auf der Grundlage alter östlicher Philosophie. Es sind Formen der

Sanftes Sportkampf-Duett
Nur eine der sanften Künste, die im ersten Teil gelehrt werden, beinhaltet Übungen, zu denen Sie einen Partner benötigen. Im T'ai Chi Chuan sind die beiden Übungen **Fundamentale Kräfte** und **Händestoßen** (S. 140–146) Partnerübungen, durch die Sie Ihr Gefühl für Balance und Ihre Fähigkeit zur Selbstverteidigung entwickeln können.

Meditation in Bewegung, doch unterscheiden sie sich von Yoga in einer entscheidenden Hinsicht: Selbst die subtilsten Formen, wie etwa T'ai Chi Chuan, beinhalten noch eine Komponente der Selbstverteidigung. Das mag für Sie persönlich wichtig oder unwichtig sein, es ist jedoch auf jeden Fall von geistiger und emotionaler Bedeutung. Lediglich Chi Gong – im ersten Kapitel – entbehrt dieses offensichtlich kämpferischen Aspekts.

Dieses Buch wendet sich an all jene, die sich neben der Aneignung körperlicher Geschicklichkeit einen tieferen Zugang zu diesen Traditionen verschaffen wollen. Während der erste Teil Sie nacheinander in die einzelnen Bewegungskünste einführt, werden im zweiten Teil die technischen Fähigkeiten, die Sie erlernt haben, dadurch ergänzt, daß Ihnen ein Weg aufgezeigt wird, wie Sie zu einem ganzheitlichen Leben gelangen.

Die sanften und die harten Künste

Wodurch unterscheiden sich nun die »sanften« oder »inneren« Künste von ihren bekannteren Verwandten, den »harten« oder »äußeren«, wie Karate, Kung Fu oder Teak Won Do? Die Unterschiede sind zum Teil technischer Art. Die harten Künste wie Karate beinhalten sehr aktive Trainingsprogramme und vermitteln sowohl Angriffs- als auch Verteidigungstechniken. Tritte, Stöße und Handkantenschläge werden ebenso gelehrt wie Angriffabwehr- und Ausweichtechniken. Man bezeichnet diese Künste als »hart«, weil sie grundsätzlich darauf beruhen, Kraft gegen Kraft einzusetzen; und man nennt sie »äußere« Künste, weil die Kraft hauptsächlich durch Muskelanspannung entsteht, vor allem jener von Armen und Beinen. Künste wie T'ai Chi Chuan werden hingegen »sanft« genannt, weil sie mehr mit Ausweichen, Hebelkraft und Druck arbeiten als mit direkter Kraft, um einen Angreifer abzuwehren. Sie sind ihrer Natur nach eher defensiv als offensiv und benutzen die Kraft des Angreifers, um ihn mit einem absoluten Minimum an Anstrengung außer Gefecht zu setzen. Die sanften Künste werden auch als »innere« Künste bezeichnet, weil sie lehren, einen Angreifer durch Intelligenz zu überwinden.

Der wesentlichste Unterschied zwischen den beiden Kategorien jedoch liegt in der geistigen Einstellung zu der Anforderung, in einer unsicheren Welt aktiv und gesund zu bleiben. Obwohl es auf der philosophischen Ebene viele Gemeinsamkeiten gibt, neigen die Vertreter der harten Künste dazu, die Notwendigkeit einer intuitiven körperlichen Reaktion – also ohne Überlegung – auf eine bedrohliche Situation zu betonen, während die Anhänger der sanften Künste immer

Östliches Training
Millionen Menschen im Fernen Osten – in der Volksrepublik China, in Singapur, Malaysia, Hongkong, Korea und Japan – führen die wunderschönen, tanzähnlichen Bewegungen des T'ai Chi Chuan als tägliche Übung in frischer Luft aus und entwickeln und regulieren so ihr Chi, ihre Lebensenergie.

nach der Vorrangstellung des Geistes streben. Die sanften Künste beinhalten deshalb eine tiefgehende Schulung des Denkens und Handelns, die sich am chinesischen Verständnis der Natur und des Kosmos insgesamt orientiert. Die Übungen lehren den Schüler, sich in schwierigen Situationen natürlich und ruhig zu verhalten und sich nicht durch Techniken, Angst oder Unsicherheit in Verwirrung bringen zu lassen. Ein erfahrener Anhänger der sanften Künste begreift, daß der Wille befiehlt, die Kraft gehorcht und die Energie daraus hervorgeht.

Ursprung und Philosophie

Es ist anzunehmen, daß die Bewegungskünste im weitesten Sinn so alt sind wie die Menschheit selbst. Verschiedene Kunstgegenstände, Skulpturen und Gravierungen aus der alten sumerischen und babylonischen Kultur stellen Ring- und Ritualkämpfe dar, und Szenen an den Wänden vieler Pharaonengräber zeigen Kämpfer in ähnlicher Haltung. Manche dieser Darstellungen sind 5000 Jahre alt. Doch haben diese Daten wenig Bedeutung, denn der ritualisierte Kampf reicht mit Sicherheit in vorgeschichtliche Zeit zurück. Im wesentlichen geht es darum, daß dieses Verhalten ein Teil der menschlichen Natur ist. Niemand weiß, wann die Menschen begonnen haben, die Kampfkunst so zu kultivieren, daß daraus die Vorläufer der heutigen Bewegungskünste entstanden, doch führen die Spuren in der Geschichte Indiens und des Fernen Ostens etwa 2500 bis 1500 Jahre zurück. Es ist interessant, daß diese Spuren mehr im Bereich von Religion und Philosophie zu finden sind als in dem von Politik oder Technologie.

In der Zeit von 500 v. Chr. bis Christi Geburt erlebten die Menschen des Westens wie des Ostens eine außergewöhnliche kulturelle und geistige Blüte. Im Westen entstand die klassische griechische Zivilisation, und im Osten entwickelten sich die großen Philosophien des Taoismus, des Konfuzianismus und des Buddhismus. Diese Systeme sind bis heute die Pfeiler asiatischen Denkens geblieben – sogar in der Volksrepublik China.

Der Taoismus wurde von dem Weisen Laotse etwa 300 v. Chr. begründet und von ihm und seinen Nachfolgern geprägt. Seine Wurzeln jedoch liegen in einem viel älteren Glauben. Das Kernstück des Taoismus bildet die Überzeugung, daß die Menschen ein Teil der Natur sind und der Schlüssel zum Verständnis unserer selbst und der Welt, in der wir leben, darin liegt, unser Naturverständnis zu vertiefen. Tao, der Weg, ist die eine, einzigartige Kraft, die allen Dingen Leben, Form, Sinn und Energie verleiht. Der beste Weg, das Tao und damit uns selbst zu verstehen, ist das Studium der Natur. Welch zentrale Bedeutung diese Idee für die sanften Künste hat, werden Sie im zweiten Kapitel in der Darstellung des Hsing I sehen (in den Übungen der **Fünf Elemente** und der **Zwölf Tiere**). Das Wesen des Taoismus findet sich im *Tao Te King*, dem wohl größten Meisterwerk des alten China, das Laotse zugeschrieben wird. Innerhalb seiner wenigen Seiten und Verse liegt der Kern taoistischen Denkens, und die Art und Weise der Darlegung hat zuhöchst mystischen Charakter. Die Bedeutung, die es für alle sanften Bewegungskünste hat, sollte man jedoch nicht unterschätzen.

Historisch ist belegt, daß etwa zu Beginn unserer Zeitrechnung chinesische Ärzte damit begannen, die taoistischen Ideen, die im *Tao Te King* formuliert waren, teilweise mit in ihre ärztliche Praxis einzubeziehen; sie entwickelten daraus eine Reihe von Heilübungen, die die Bewegungen von Tieren nachahmen – wie die des Pferdes, Tigers oder Drachens. Wann diese Idee des Kampfverhaltens dieser Tiere übernommen wurde, wissen wir nicht. Aber es ist ziemlich offensichtlich, daß hier der Ursprung der Bewegungsformen der sanften Künste liegt.

Neben dem *Tao Te King* ist der wohl wichtigste altchinesische Text das *I Ching*, das Buch der Wandlungen, dessen Urform fast 3000 Jahre alt ist. Man nimmt an, daß es teilweise von Konfuzius niedergeschrieben wurde und sein Denken zutiefst beeinflußt hat. Im wesentlichen erweitert das Buch der Wandlungen die taoistische Sicht der Natur durch das Moment der Zeit. Seine zentrale Aussage ist, daß die Wirklichkeit ihrem Wesen nach fließend ist, ein ununterbrochener Fluß von Ereignissen, durch die wir in unserem Leben gehen. Alle Versuche, Dauer und Beständigkeit zu erlangen, sind Illusion und behindern unseren Weg. Die Natur des Tao ist ständiger, unaufhörlicher Wandel. Obgleich man nicht weiß, wann und wo diese Philosophie Eingang in die Praxis der sanften Künste gefunden hat, ist sie das Wesen einer jeden von ihnen – und im Pa Kua ist sie von ganz besonderer Bedeutung. Gleichzeitig mit dem Taoismus und Konfuzianismus entstand der Buddhismus und begann sich auszubreiten, zuerst in Indien, dann in Südostasien und schließlich in China. Etwa seit Beginn unserer Zeitrechnung waren Mönche, Gelehrte und Diplomaten auf der Seidenstraße, die China mit Indien verband, unterwegs und brachten den Buddhismus nach China. Mit der Betonung auf Meditation, Askese und geistiger Entwicklung konnte er sich schnell in China durchsetzen und wurde teilweise in die bereits bestehenden philosophischen Systeme integriert. Auch hier ist der genaue Zeitpunkt, wann sich der Buddhismus mit den Elementen vermischte, aus denen die sanften Künste bestehen, nicht bekannt. Doch kann man sie sich heute nicht mehr ohne die Weisheit der alten buddhistischen Meister vorstellen. Einer von ihnen geriet durch all die Jahrhunderte hindurch nicht in Vergessenheit, auch wenn seine Geschichte nur in halb mythischer Form überliefert ist.

Es heißt, daß um 520 v. Chr. ein großer, blauäugiger indischer (oder vielleicht auch persischer) buddhistischer Mönch auf der Seidenstraße reiste, bis er zu dem wunderschönen Songshan-Shaolin-Tempel in Zentralchina kam. In Indien war sein Name Bodhidharma, in China nannte man ihn Ta Mo. Hier verbrachte er nun viele Jahre vor einer Wand und »lauschte dem Geschrei der Ameisen« (suchte Erleuchtung). Nachdem er die Erleuchtung erlangt hatte, begründete er die berühmte Ch'an- oder Zen-Richtung des Buddhismus. In diesem Tempel soll er der Überlieferung nach die Mönche in Selbstverteidigung unterwiesen haben, damit sie sich auf ihren Wanderschaften als Bettelmönche schützen konnten, aber auch darin, daß dies ein Weg zur Erleuchtung sei. Obwohl Bodhidharma heute hauptsächlich als der Begründer der äußeren Formen der Bewegungskünste gilt, verehren ihn die Anhänger aller Formen als denjenigen, der Wu Te – die »kämpferischen Tugenden« Disziplin, Selbstbeherrschung, Bescheidenheit und Achtung vor dem menschlichen Leben – in die Bewegungskünste eingeführt hat. Er lehrte, daß sie nur zur Förderung von Gesundheit und spiritueller Entwicklung eingesetzt werden sollten, nicht aber zum Kämpfen. Die in diesem Sinn formulierte geistige Einstellung dem körperlichen Training gegenüber, hat heute noch Gültigkeit.

Die Verbindung dieser drei großen Philosophien bildet die Grundlage der sanften Bewegungskünste, wie wir sie heute kennen. Die Weisen, die sie begründeten, suchten und fanden Wege, die immateriellen Kräfte von Gedanken und Vorstellungen in konkrete Formen der Aktion zu verwandeln, und zwar in einer Reihe von Übungen, die es uns ermöglicht, höchste geistige Beweglichkeit in körperliche Bewegung umzusetzen.

Charakteristik der sanften Bewegungskünste

In Aktion sehen die vier sanften Bewegungskünste ganz verschieden aus, aber ihre Wurzeln sind dieselben. Sie haben alle den Zweck, die innere Energie (von den Chinesen *Chi* – oder *Qi*, nach der neuen Schreibweise – genannt) zu entwickeln und in Balance zu bringen, um Herr des eigenen Schicksals zu werden und ein glücklicheres, ausgeglicheneres Leben zu führen. Jede der Bewegungskünste vermittelt Ihnen bei regelmäßiger Übung eine tiefere Wahrnehmung Ihrer selbst und

Laotse
Es heißt, daß der Philosoph und Asket Laotse den chinesischen Kaiserhof verließ und auf einem Ochsen reitend westwärts reiste, keiner wußte wohin. Als man ihn an der Grenze bat, etwas Geschriebenes zu hinterlassen, schrieb er das *Tao te King* (s. S. 13), ein kleines Büchlein, das die früheste Fassung der taoistischen Ideen enthält, die den sanften Bewegungskünsten zugrunde liegen.

Ihres Platzes innerhalb der vorgegebenen Ordnung. Doch für welche der Künste sollen Sie sich entscheiden, welche ist die für Sie beste?

Chi Gong besteht aus einer Reihe von Übungen, die zumeist statisch sind oder nur sehr langsame Bewegungen beinhalten. Es gibt hier keine schnellen oder ruckartigen Bewegungen, so daß jeder, ungeachtet des Alters, diese Übungen machen kann. Das Ziel ist ein besserer Fluß der Lebensenergie – *Chi* – durch den Körper und die Entwicklung der Konzentrationsfähigkeit. Chi Gong, wie man es heute kennt, hat sich größtenteils erst im 20. Jahrhundert entwickelt, seine Ursprünge liegen jedoch in den frühen chinesischen therapeutischen Übungen, Daoyin, die ins 7. bis 6. Jahrhundert v. Chr. zurückreichen. Meist wird Chi Gong neben einer der anderen sanften Bewegungskünste praktiziert, aber es ist selbst eine in sich abgeschlossene und vollständige Form, die man als einzige erlernen und ein Leben lang ausüben kann. Als Ergänzung zu Chi Gong finden Sie in diesem Kapitel außerdem noch Ba Duan Jin – eine Reihe alter Übungen, die man, ohne sich zu überanstrengen, zur Stabilisierung der Gesundheit und Steigerung der Leistungsfähigkeit anwendet.

Hsing I ist hingegen eine schnelle, lebhafte Bewegungskunst. Die Übungen haben einen turnerischen, kraftvollen Charakter, doch auch sie bergen in sich Prinzipien, die den Weg zum Wesen der sanften Bewegungskünste erschließen. Auch Hsing I könnte seinen Ursprung im Daoyin haben, denn auch hier werden Übungen verwendet, die Tierbewegungen imitieren. Chi Lung Feng aus Shanghai war der erste, der über den neuen Hsing-I-Stil berichtete. Er behauptete, Hsing I in der Mitte des 17. Jahrhunderts von einem Taoisten erlernt zu haben.

Pa Kua ist ebenfalls eine Bewegungskunst, die mit Schnelligkeit und Kraft arbeitet. Doch man kann auch Menschen im Alter von fünfzig Jahren und darüber sehen, die diese Übungen mit faszinierender Anmut und müheloser Geschicklichkeit ausführen. Tung Hai Chuan (1798–1879) war der erste Pa-Kua-Meister, von dem berichtet wird. Es heißt, ein Taoist in den Bergen der Provinz Kiangsu habe es ihn gelehrt. Die Botschaft des Pa Kua ist vielleicht noch tiefgründiger als die der anderen sanften Bewegungskünste: Form ist Gefangenschaft, und der Verlust von Form ist Freiheit.

T'ai Chi Chuan ist eine langsame, tanzähnliche Form der Bewegung. Es sieht einfach aus, doch wenn Sie zu üben beginnen, werden Sie feststellen, daß es ein Maß an Muskelkraft, Energie, Gleichgewicht und Selbstkontrolle erfordert, das Sie zwar zu haben glaubten, das aber schlichtweg nicht vorhanden ist. Mit ständiger Praxis nehmen diese Kräfte in Körper und Geist zu und bewirken ein Gefühl der Ganzheitlichkeit. Klinische Versuche in China haben bestätigt, daß T'ai Chi Chuan besonders gut für alte Leute ist; aber Menschen jeglichen Alters und jeder Art können von seinen beeindruckenden Übungen profitieren.

Früheste Berichte über T'ai Chi sind etwa 300 Jahre alt, doch einen förmlichen Namen erhielt es erst gegen Ende des 18. Jahrhunderts von Wang Zong Yue. 1852 kam es nach Peking und verbreitete sich von dort schnell über ganz China. In den letzten hundert Jahren wurden viele der schnelleren Bewegungen herausgenommen, und so blieb nur die sanfte, fließende Form übrig, die wir heute kennen. In der chinesischen Tradition gibt es mehrere T'ai-Chi-Richtungen: Der Chen-Stil ist der älteste, der Yang-Stil, der in der Mitte des 19. Jahrhunderts festgelegt wurde, ist der am meisten verbreitete. Diese Stilarten sind einander jedoch sehr ähnlich. Eine bei weitem größere Vielfalt findet man in der Qualität der T'ai-Chi-Lehrer, vor allem außerhalb Chinas.

Soweit die Charakteristika der sanften Künste; Sie können sich sowohl für nur eine als auch für zwei entscheiden, oder auch alle nacheinander erlernen. Chi Gong wird zum Beispiel oft zusammen mit einer der etwas dramatischeren Künste geübt, und diese Kombination ergibt, wie manche Meister sagen, eine Übungsfolge, die an Komplexität Hsing I, Pa Kua und T'ai Chi Chuan übertrifft. Jede Bewegungskunst hat ihre eigene Vielfalt und Tiefe, und jede wird Sie in einer Weise verändern, wie Sie es sicher nicht erwarten. Um herauszufinden, welche Kunst für Sie besonders geeignet ist, wird es am besten sein, es zunächst mit einigen der einfacheren Übungen zu versuchen, etwa mit denen des Ba Duan Jin im ersten Kapitel; sie wärmen den Körper auf und dehnen ihn auf sanfte Weise. Beginnen Sie dann ernsthaft jene Kunst zu üben, die Ihnen am meisten entspricht. Denken Sie daran, je mehr Sie sich auf sie einlassen, um so mehr erhalten Sie zurück.

Beginn

Das Ziel der sanften Bewegungskünste ist nicht nur, den Körper zu trainieren, sondern durch die besondere Art der körperlichen Bewegung auch geistige und spirituelle Kraft zu erlangen. Durch die Ausübung dieser Künste können Sie Ihr natürliches Selbst wiederentdecken und lernen, sich so zu bewegen, zu atmen und sich zu fühlen wie zu Anfang Ihres Lebens – als Neugeborenes. Um dahin zu gelangen, ist es jedoch vonnöten, sich physisch und psychisch sorgfältig auf das Training vorzubereiten.

Man kann alle Übungen in normaler Tageskleidung ausführen, wenn sie bequem ist. Doch werden Sie es wohl vorziehen, eine spezielle Kleidung zu tragen, da sie Ihnen hilft, Ihre innere Haltung zu verändern und sich auf etwas vorzubereiten, das vom Gewohnten abweicht. Am besten trägt man Turnkleidung oder lockere weiße oder schwarze Baumwollhosen mit einem Sweatshirt oder einer weiten Baumwolljacke, je nach Temperatur. Häufig wird barfuß geübt, obwohl das in China nicht üblich ist. Die beste Fußbekleidung sind Turnschuhe oder chinesische Kung-Fu-Slipper, vor allem, wenn man im Freien trainiert.

Für die sanften Bewegungskünste benötigen Sie keinen speziellen Übungsraum. Wie Millionen Chinesen, die sie täglich praktizieren, brauchen auch Sie lediglich einen Park, einen Garten oder ein nicht allzu vollgestelltes Zimmer. Es genügt ein freier Raum von etwa fünf Quadratmetern mit flachem Boden und ohne Hindernisse. Bei schönem Wetter ist es gut, in die frische Luft zu gehen, am besten in den Schatten von Bäumen.

Versuchen Sie, zu einer Tageszeit zu üben, zu der Sie sich ganz wach und munter fühlen. Die meisten Chinesen trainieren am frühen Morgen, noch vor dem Frühstück, und frühstücken dann gemeinsam mit ihrer Familie. Andere ziehen es vor, sich nach der Arbeit aufzulockern, und üben am Abend. Viele begeben sich für ein paar Minuten in stille Meditation, bevor sie mit dem Training beginnen, um sich in einen ruhigen und aufnahmebereiten Geisteszustand zu versetzen. Sie können aber auch einen kleinen Spaziergang machen oder einfach eine Weile still sitzen, stehen oder liegen. Nehmen Sie sich immer ein bißchen Zeit, um den Alltag loszuwerden. Mit zunehmenden Fortschritten in diesen Künsten kann sich diese Abschaltphase ganz natürlich zu einigen wenigen Augenblicken verkürzen; im Idealfall wird sie schließlich gar nicht mehr nötig sein.

Wenn Sie die sanften Bewegungskünste wirklich ernsthaft erlernen wollen, sollten Sie sich nach einem guten Lehrer umsehen. Aber das ist leichter gesagt als getan, denn es gibt außerhalb Chinas zwar viele kompetente Lehrer dieser Künste, aber auch eine ganze Menge solcher von zweifelhafter Qualifikation und überheblichem Anspruch. Es ist deshalb wichtig, einen qualifizierten Lehrer zu finden, weil er die den Bewegungskünsten zugrundeliegende Philosophie kennen und verstehen sollte und somit fähig ist, sie in ihrem ganzheitlichen Zusammenhang zu vermitteln. Nehmen Sie sich vor allem vor jenen in acht, die einen schnellen Weg zur Erleuchtung oder etwa zur Heilung

Stellungen aus den vier sanften Bewegungskünsten
(von oben links jeweils nach rechts)
Stellung b aus der Verbindungsübung 3 im Chi Gong (S. 40); das Pferd, eines der zwölf Tiere im Hsing I (S. 60); Stellung 8 aus den acht fixierten Haltungen im Pa Kua (S. 74); und eine Bewegung aus Schritt 9, Peitsche (S. 110f.), in der T'ai-Chi-Kurzform.

氣功

形意拳

八卦掌

太極拳

von Krebs versprechen, und vor solchen, die angeblich das Wissen um göttliche Wahrheit besitzen. Es gibt wenige echte Gurus, und diejenigen, die es gibt, heben sich deutlich ab – nicht durch exaltierte Selbstdarstellung, sondern durch Demut und Bescheidenheit.

Integration der sanften Künste in Ihr Leben

Um ein tiefes Gefühl von Balance und Harmonie zu erlangen und aufrechtzuerhalten, sollten Sie die Philosophie, auf der die sanften Künste beruhen, auf andere Bereiche Ihres Lebens ausdehnen. Im fünften Kapitel, »Östliche Wege zur Ausgeglichenheit«, befassen wir uns damit, welche Auswirkungen die Identifizierung mit dieser Philosophie auf Ihre Lebensführung hat und wie Unstimmigkeiten beseitigt werden können – in Ihren Eßgewohnheiten, Ihrem emotionalen und sexuellen Leben und im Streben nach geistiger Harmonie.

Das letzte Kapitel führt aus, wie Sie die Übungen der sanften Künste therapeutisch anwenden können, um eigene Leiden zu lindern oder solche von Familienmitgliedern oder Freunden, oder bestimmte schwierige Lebensphasen zu erleichtern, wie etwa Schwangerschaft oder Alter. Nur wenige Menschen in unserem Kulturkreis sind sich darüber im klaren, wie wertvoll die richtige Art von Übung zur Bewältigung psychischer Probleme, wie Angstgefühle oder Schlaflosigkeit, sein kann, aber auch als therapeutisches Mittel bei eher körperlichen Störungen wie Rheumatismus oder Rückenschmerzen.

Wenn Sie die taoistische Weisheit des Weges zur Harmonie in Ihr Leben integrieren, wird dies nicht nur Ihre körperliche und geistige Gesundheit bessern, sondern auch zu höheren Ebenen des Verstehens und der Wahrnehmung führen. Nun kann dieses Buch Sie zwar auf den Weg bringen, aber es ist Ihre Sache, seine Lehren in die Praxis umzusetzen. Der Weg selbst ist eine ununterbrochene, nie endende Suche, die eine ständige Neubewertung eines jeden Schritts, den Sie tun, einer jeden Bewegung, die Sie machen, und eines jeden Gedankens, den Sie denken, erfordert.

ERSTER TEIL

Die sanften Künste

氣功

1 Chi Gong

Atemkraft

Chi Gong ist die einfachste aller sanften oder inneren Bewegungskünste, keineswegs aber oberflächlich. Sie hat zwar weniger mit kämpferischer Geschicklichkeit zu tun als die anderen Bewegungskünste, doch wird durch die Bildung von Körperenergie im Chi Gong gerade jene Kraft freigesetzt, die man für die Ausführung der anderen Künste braucht. Chi Gong bedeutet wörtlich »Energiearbeit«. Es hat mit den anderen Künsten ein wichtiges Prinzip oder Ziel gemeinsam – die Kultivierung des Chi, der Lebensenergie. Chi hat viele Bedeutungen: Es ist Energie und Lebenskraft, aber auch Luft und Atem und sogar Nahrung. Es ist die treibende Kraft im Universum, und die Bewegungskünste lehren uns, sie zu spüren, dann zu erzeugen und harmonisch in Fluß zu bringen (siehe auch Seite 24).

Obgleich jede der sanften Bewegungskünste ein vollständiges und in sich geschlossenes System darstellt, neigen die Chinesen dazu, mehrere gleichzeitig zu praktizieren oder stufenweise von einer zur nächsten zu gehen (siehe Seite 17). Üblicherweise beginnt man mit einer Kombination von Chi Gong und T'ai Chi Chuan. Das gesamte Chi-Gong-Training hat zum Ziel, einen tiefen, natürlichen Atem zu erlangen und den Geist in einen aufmerksamen und ausgeglichenen Zustand zu versetzen. Dieses Kapitel umfaßt auch Ba Duan Jin (Seite 26–33), eine Folge von acht Übungen, die oft zusammen mit Chi Gong praktiziert wird.

Alle hier gezeigten Übungen sind erstaunlich einfach – doch es kann die Arbeit eines ganzen Lebens sein, sie zur Vollkommenheit zu bringen. Die Meisterschaft im Chi Gong erreicht man nur durch kontinuierliches Training. Die meisten Lehrer der anderen Bewegungskünste üben sich zusätzlich im Chi Gong; es gibt jedoch auch viele, die ausschließlich Chi Gong praktizieren. Chinesische Chi-Gong-Meister sind zu ganz außergewöhnlichen Leistungen an Kraft und Ausdauer fähig. Das beruht auf der Entwicklung und Anwendung des Chi, der Lebensenergie, die sie in bestimmten Körperbereichen konzentrieren. Um diese Kraft zu entwickeln, können allerdings Jahre der Übung nötig sein.

Chi Gong ist die grundlegendste Art der Bewegungskunst. Tägliches Training hält Sie in guter körperlicher und geistiger Verfassung und fördert Ihre Vitalität. Man kann diese Übungen in jedem Lebensalter praktizieren: als Kind oder Erwachsener, während der Schwangerschaft und im Alter. Der Glaube an die wohltätige Wirkung des Chi oder der Lebensenergie läßt sich nahezu 3000 Jahre in der chinesischen Geschichte zurückverfolgen. In einem der Klassiker der alten chinesischen Literatur, im *Nei Ching* (Des gelben Kaisers klassisches Werk der inneren Medizin), findet sich bereits der Gedanke, daß Chi durch Atemkontrolle aktiviert werden könne. Die Chinesen haben seitdem viele verschiedene Übungen praktiziert, die dem Chi Gong ähnlich sind; sie dienten sowohl der Aufrechterhaltung der Gesundheit wie der Rekonvaleszenz, und auch zur Kräftigung des Körpers bei der Ausübung der Kampfkünste. Wie Kapitel 6 zeigt, kann Chi Gong auch helfen, bestimmte Krankheiten und Schmerzen zu lindern. Da die Bewegungen sehr sanft sind, können sich Menschen mit labiler Gesundheit risikolos dieser Heilmethode unterziehen.

Chi

Der Weise Laotse, der vor mehr als 2000 Jahren lebte, begründete die Philosophie des Taoismus, die den sanften Bewegungskünsten zugrunde liegt (siehe Seite 12). Das Tao ist das Naturgesetz oder der Weg des Universums, und seine Grundaussage lautet: Alle Dinge haben den Schatten (Yin) hinter sich und das Licht (Yang) vor sich, und der undingliche Atem (Chi) bringt sie in Harmonie.

Während das Tao der Urgrund der Welt vor aller Welt ist, der Anfang aller Dinge, das Absolute, die ewig ruhende Kraft, sind Yin und Yang die grundlegenden und sich ergänzenden Seinsweisen. Doch wären alle Dinge statisch und leblos ohne das Chi. Chi ist die bewegende Kraft des Kosmos und des menschlichen Lebens, jene Energie, die uns wachsen und uns entwickeln läßt. Ohne sie wären wir der Regression und dem Verfall preisgegeben. Alle sanften Bewegungskünste wollen uns lehren, diese Energie wahrzunehmen, ihren Fluß durch den Körper zu harmonisieren, sie zu nähren und zu aktivieren.

Die Chinesen sind überzeugt, daß Chi nicht nur im Kosmos existiert, sondern auch in unserem Körper, den es in den Meridianen (siehe Seite 152) durchströmt. Das Zentrum oder die Quelle des Chi liegt konzentriert an einem Punkt, dem *Tan Tien*, im Unterleib (siehe rechts), wo es gespeichert ist und von wo aus es sich im Körper verbreitet. (Bestimmte Haltungen in den Übungen dienen der Sammlung des Chi im Tan Tien.) Das Blockieren oder Unterbrechen des Chi-Stroms kann Krankheiten physischer oder psychischer Art zur Folge haben. Und so ist eines der wichtigsten Prinzipien der sanften Künste das, solche Blockierungen zu verhindern und dem Energiestrom freien Lauf zu lassen. Dies wird durch ein natürliches, tiefes Atmen, durch entspanntes, aber kontrolliertes Üben und durch anhaltende Konzentration erreicht. Viele der Haltungen zielen darauf ab, das Chi zu aktivieren und seine Zirkulation im Körper anzuregen, so daß es uns innerlich und äußerlich nährt.

Die Übungen des Ba Duan Jin und Chi Gong auf Seite 26 bis Seite 43 tragen dazu bei, Ihre Wahrnehmung des Chi zu entwickeln, die allgemeine Leistungsfähigkeit zu verbessern und Körper und Geist in einen ausgeglicheneren Zustand zu bringen. Die Ausführung der anderen sanften Bewegungskünste wird Ihre Sensibilität noch steigern; dasselbe gilt für die Meditation und die speziellen Atemübungen, die Sie im fünften Kapitel finden (siehe Seite 166–169).

Tan Tien
Nach chinesischer Vorstellung hat das Chi ein Zentrum oder eine Art Reservoir im Körper, das Tan Tien, das etwa fünf Zentimeter unterhalb des Nabels liegt. Wenn Sie richtig atmen (siehe nächste Seite), können Sie fühlen, wie sich diese Stelle mit Ihrem Atem bewegt. Hier liegt auch das Schwerkraftzentrum des Körpers. Bei jeder Arm- oder Fußbewegung findet eine natürliche, ausgleichende Gegenbewegung statt, die immer im Tan Tien zu spüren ist. Deshalb sagt man, daß jegliche Bewegung aus dem Tan Tien kommt.

Natürliches Atmen

Eine der Zielsetzungen der sanften Bewegungskünste ist die Schulung des richtigen Atmens. Sie sollten völlig entspannt und natürlich atmen, wobei der Atem aus der Bauchhöhle, aus dem Tan Tien, kommt. Nur wenn Ihre Haltung stimmt und Ihr Bauch entspannt ist, kann Ihr Chi richtig fließen. Das mag einfach klingen, aber in den meisten Fällen ist dazu viel Konzentration nötig; genaugenommen ist ein stetiges, sorgfältiges Atmen selbst schon eine Art Meditation. Im großen chinesischen Klassiker, dem *Tao Te King*, wird die Frage gestellt: »Kannst du deinen Geist immer am Herumwandern hindern? Kannst du den Atem regulieren und sanft und gelenkig werden wie ein Kind?« Diesen Zustand kann man erreichen, aber Erwachsene müssen erst über längere Zeit hinweg lernen, ihren Atem zu regulieren, bevor er von selbst seine natürliche Tiefe gewinnt. Wenn Sie die unten dargestellte Atemübung einige Zeit praktizieren – allein oder auch vor dem Chi Gong –, wird sie Ihnen zu einer neuen Art des Atmens verhelfen.

Tiefes Atmen
(Diese Übung wird auch Yang-Atmung genannt, s. S. 167). Ihr Mund ist geschlossen, die gesamte Muskulatur entspannt; der Atem wird mit dem Zwerchfell nach unten bewegt, anstatt mit der Brust nach außen, der Bauch dehnt sich zu seinem natürlichen Umfang, wobei sich die Lungen mit Luft füllen. Gehen Sie mit Ihrer Aufmerksamkeit dabei in das Tan Tien, indem Sie die Hände auf diesen Punkt legen und das Dehnen und Leerwerden spüren.

Ein *Atmen Sie durch die Nase langsam und tief ein, aber ohne ein Geräusch oder überflüssige Anstrengung, so daß sich Ihr Bauch ganz natürlich füllt.*

Aus *Atmen Sie vom Tan Tien her durch die Nase aus, bis alle Luft entwichen ist. Atmen Sie so etwa fünf Minuten. Mit zunehmender Konzentration sollten Sie den Chi-Fluß spüren: durch die Nase in die Lungen, zum Tan Tien und wieder zurück.*

Ba Duan Jin

Diese Folge von acht Übungen (Ba Duan Jin bedeutet übersetzt »die acht feinen Übungen«) wird oft mit Chi Gong kombiniert. Die Bewegungen sind leicht nachvollziehbar und für Menschen jeglichen Alters geeignet. Sie stärken die Spannkraft der Muskeln und regen den Energiestrom im Körper an. Wenn Sie bei guter Gesundheit sind, sollten Sie die Übungen kraftvoll ausführen; sind Sie jedoch krank oder schon älter, gehen Sie besser sanfter vor. Versuchen Sie, sich auf eine ruhige und fließende Weise zu bewegen, und stellen Sie sich den Ablauf zugleich bildhaft so vor, wie er im erklärenden Text beschrieben ist: etwa wie in Übung 1, daß Sie den Himmel berühren. (Die Texte zu den Übungen beschreiben auch die Wirkung der jeweiligen Bewegung auf den Körper.) Jede Übung wird achtmal ausgeführt und die gestreckte Haltung eine Sekunde lang beibehalten. Alle Übungen sind nach vorn gerichtet, auch wenn manche der besseren Verständlichkeit wegen aus verschiedenen Blickwinkeln illustriert sind.

Ausgangsposition
Stehen Sie aufrecht, die Füße etwa in Schulterbreite voneinander entfernt. Lassen Sie Ihre Hände ganz natürlich auf beiden Seiten herabhängen, und stemmen Sie Ihre Zehen leicht gegen den Boden. Richten Sie den Blick geradeaus.

Übung 1
Durch das Heben der Hände die inneren Organe regulieren. Atmen Sie aus, während Sie Ihre Arme nach außen bewegen, und atmen Sie ein, wenn Sie sie zu sich heranführen. Atmen Sie langsam, tief und entspannt.

1 a *Heben Sie Ihre Arme langsam und sanft, bis sich Ihre Hände in Brusthöhe befinden, Handflächen nach innen. Denken Sie daran, bei der nach außen führenden Bewegung auszuatmen.*

1a

1b *Heben Sie die Arme weiter hoch, und kehren Sie die Handflächen in Gesichtshöhe nach außen. Wenn Ihre Hände über dem Kopf erhoben sind, sollten die Handflächen nach oben zeigen, wobei die Finger einander zugekehrt sind.*

1b

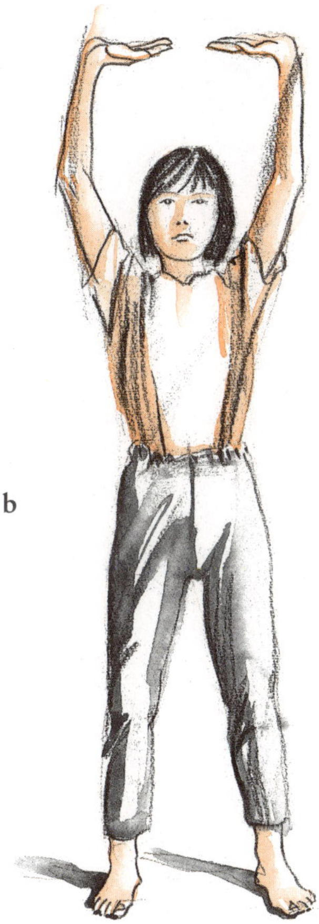

1c

1c *Stemmen Sie beide Hände gegen den Himmel, die Handflächen nach außen und die Arme so weit wie möglich gestreckt. Stemmen Sie gleichzeitig die Füße gegen den Boden, und rekken und strecken Sie den gesamten Körper vom Scheitel bis zur Sohle. Behalten Sie diese Stellung eine Sekunde lang bei; dann entspannen und einatmen. Wenn Sie Anfänger sind, sollten Sie die Übung damit beenden.*

1d *Wenn Sie schon mehr Erfahrung haben, machen Sie bei 1c weiter, indem Sie sich auf die Zehenspitzen stellen und diese gestreckte Haltung eine Sekunde lang beibehalten.*

Fortsetzung
Wiederholen Sie die Übung insgesamt achtmal.

1d

Übung 2
Den Adler schießen

2a

2a *In der Grundhaltung (S. 26) beugen Sie leicht die Knie und heben Ihre Hände vor die Brust, die Handflächen nach innen und die Finger einander zugekehrt.*

2b *Heben Sie den rechten Ellbogen, und drehen Sie die rechte Hand nach außen.*

2b

2c *Stellen Sie sich vor, daß Sie einen Bogen halten. Ziehen Sie die Bogensehne zurück, wobei Arm und Schulter oben bleiben. Drücken Sie gleichzeitig die linke Hand mit der offenen Handfläche nach außen, bis der Arm gestreckt ist. Behalten Sie diese Stellung eine Sekunde lang bei, und entspannen Sie sich (siehe auch Foto rechts).*

2c

Fortsetzung
Wiederholen Sie den ganzen Ablauf nach rechts. Wechseln Sie insgesamt viermal die Seiten.

Position c von Übung 2, Den Adler schießen

Übung 3
Milz und Magen durch das Heben jeder Hand regulieren

3a *Nehmen Sie die Ausgangsposition (S. 26) ein, und heben Sie wie in 2a die Hände vor die Brust. Dann winkeln Sie den linken Unterarm mit offener Handfläche nach oben an, die Finger weisen zum Rücken. Senken Sie den rechten Unterarm, die Handfläche nach unten.*

3b *Drücken Sie kraftvoll mit der linken Hand nach oben und mit der rechten nach unten. Behalten Sie diese gestreckte Haltung eine Sekunde lang bei, und entspannen Sie dann beide Arme.*

3a

3b

Fortsetzung
Wiederholen Sie die Übung mit der anderen Körperseite, insgesamt viermal im Wechsel.

4a

Übung 4
Die Kuh schaut nach dem Mond hinter sich

4a *Aus der Ausgangsposition (S. 26) heben Sie beide Arme leicht angewinkelt bis in Brusthöhe und beschreiben mit nach innen gerichteten Handflächen einen Kreis. Drehen Sie den Körper dabei nach links.*

4b

4b *Drehen Sie den Oberkörper weiter nach links, so weit Sie können, während Sie Ihre Hände bis in Gesichtshöhe heben und die Handflächen nach außen kehren. Behalten Sie diese gedehnte Haltung eine Sekunde lang bei.*

Fortsetzung
Wiederholen Sie die Übung zur rechten Seite hin, insgesamt viermal im Wechsel.

Übung 5
Starke Hitze durch Lockern des Kopfes und Schwingen der Hüften kühlen

5a *Nehmen Sie die Grundhaltung ein, kreisen Sie dann mit dem rechten Arm nach außen und oben, bis sich Ihre Hand mit nach unten gerichteter Handfläche über dem Kopf befindet.*

5b *Beugen Sie sich seitlich nach links, den Arm über dem Kopf, so daß beide Hände nach unten zeigen. Dabei darf sich die rechte Hüfte heben. Eine Sekunde halten, dann entspannen.*

Fortsetzung
Wiederholen Sie die Übung zur anderen Seite, insgesamt viermal im Wechsel.

5a

5b

Übung 6
Nieren und Lenden durch Vorbeugen und Berühren der Zehen stärken

6a

6a *Nehmen Sie die Ausgangsposition ein, und kreisen Sie mit beiden Armen nach außen bis in Schulterhöhe; beide Handflächen zeigen nun halb nach oben, halb nach vorn.*

6b

6b *Bewegen Sie beide Arme aufwärts, dann nach vorn und oben, bis sie horizontal ausgestreckt sind, die Handflächen in Schulterbreite voneinander entfernt nach unten zeigend.*

6c

6c *Während die Arme nach unten kreisen, gehen Sie in die Knie, bis Ihre Hände die Zehen berühren. Eine Sekunde in der Stellung bleiben, dann aufstehen und entspannen.*

Fortsetzung
Wiederholen Sie die Übung achtmal.

Übung 7
Das Chi durch Stoßen stärken

7a

Fausthaltung bei Übung 7: Der Daumen wird von den Fingern umschlossen.

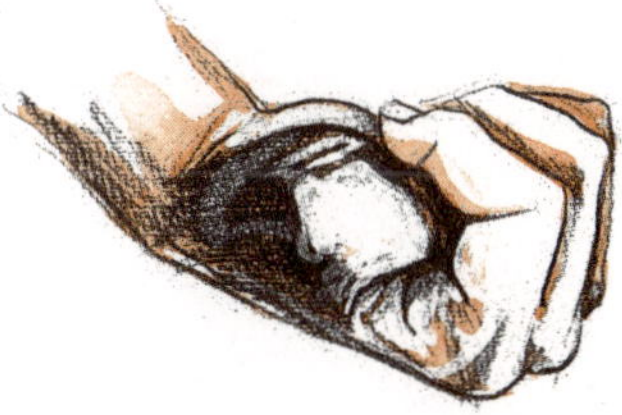

7a *Nehmen Sie die Ausgangsposition ein, und beugen Sie leicht die Knie. Legen Sie beide Fäuste an die Hüften, Handflächen nach oben.*

7b

7b *Nehmen Sie den rechten Arm etwas zurück, während der linke in Brusthöhe langsam nach vorn stößt und die Faust sich dabei nach unten dreht. Schauen Sie dabei nach vorn, und behalten Sie die Stellung eine Sekunde lang bei.*

Fortsetzung
Wiederholen Sie die Übung viermal auf beiden Seiten.

Übung 8
Krankheit durch Schütteln des Körpers abwehren

8 *Nehmen Sie die Ausgangsposition ein, und legen Sie die Hände mit nach außen gekehrten Handflächen auf den Kreuzbeinbereich. Reiben Sie leicht mit den Handrücken den unteren Rücken, und schütteln Sie den Körper von den Knien her. Atmen Sie dabei achtmal ein und aus. Entspannen.*

8

Chi Gong

Wenn Sie Ihren Körper mit den Ba-Duan-Jin-Übungen aufgewärmt haben, können Sie mit den statischeren Chi-Gong-Übungen beginnen. Diese Bewegungen werden seit Tausenden von Jahren praktiziert und entwickelten sich als Reaktion auf drei Bedürfnisse: bessere Haltung, effektiveres Atmen und größere Konzentration. Auf den ersten Blick erscheinen sie weniger aktiv als die des Ba Duan Yin, aber das täuscht. Obwohl man sie sehr leicht erlernen kann, stellen Sie weit größere Anforderungen an den Übenden, und die Wirkung kann sehr tiefgreifend sein. Sie sollten die Grundform des Chi Gong etwa ein Jahr lang praktizieren, bevor Sie zu der Reihe der mittleren Übungen übergehen (Seite 37–41). Atmen Sie während des Übens völlig natürlich (Seite 25).

Chi-Gong-Grundform
In den Grundübungen des Chi Gong nehmen Sie eine bestimmte Haltung ein und behalten sie einige Minuten lang bei, während Sie ganz natürlich vom Tan Tien in den Unterbauch atmen (S. 24). Sie können die Übungsreihe stehend, sitzend oder liegend ausführen, wie es Ihnen am angenehmsten ist.

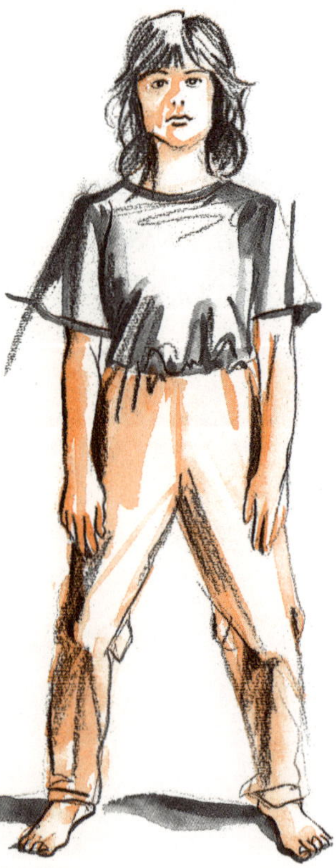
1

1 *(Grundhaltung) Stehen Sie entspannt, die Hände locker herabhängend, die Beine im Abstand von etwa 60 cm gegrätscht. Ihre Hände sind entspannt, die Finger leicht gewölbt, die Knie etwas gebeugt, in einer Linie mit den Zehen.*

2 *(Chi-Gong-Ausgangsposition) Heben Sie die Hände vor sich bis in Schulterhöhe, die Fingerspitzen in einer Handbreite Abstand einander zugekehrt. Lassen Sie ein Gefühl von Leichtigkeit und Getragensein in sich entstehen, als hielten Sie einen Luftballon unter jedem Arm und zwischen den Knien. Spüren Sie, wie Ihre Füße in den Boden sinken, wobei die Zehen sich ein wenig festhalten. Und stellen Sie sich vor, daß Ihr Haar sich hebt, wie von der Decke angezogen. Behalten Sie diese Stellung mitsamt dem Gefühl des Gehobenseins und Sinkens etwa fünf Minuten lang bei.*

2

3

3 *Senken Sie die Arme auf beiden Seiten, bis die Hände mit abwärts gerichteten Handflächen Hüfthöhe erreicht haben. Verharren Sie in dieser Stellung etwa zwei Minuten lang.*

4

4 *Heben Sie beide Arme gleichmäßig in einem vollständigen Kreis nach oben, bis sich Ihre Hände mit nach außen gerichteten Handflächen vor Ihnen befinden und Sie zwischen den Händen hindurchsehen können. Bleiben Sie etwa zwei Minuten in dieser Haltung.*

5

5 *Kreisen Sie mit beiden Armen nach außen und unten, bis sie sich mit nach innen gerichteten Handflächen vor dem Tan Tien befinden. Bleiben Sie etwa zwei Minuten in dieser Haltung.*

Sitzübungen
Sie können bei den Grundübungen 1–5 auch sitzen, wenn Ihnen das leichter fällt. Nehmen Sie dazu am besten einen stabilen Stuhl mit gerader Lehne und ohne Armstützen. Halten Sie Ihren Rücken entspannt aufrecht, und stellen Sie die Füße in schulterbreitem Abstand flach auf den Boden. Sitzen Sie ganz gerade. Die Illustration links zeigt Übung 2 in Sitzhaltung.

Liegeübungen
Sie können die Übungen 1–5 auch liegend ausführen. Legen Sie sich auf den Boden oder auf eine feste Unterlage, Kopf und Schultern auf einem Kopfkissen. Die Zehen sollten aufgerichtet sein. Lassen Sie in Position 3 Ihre Hände einfach auf dem Boden ruhen. In Position 5 können Sie die Hände auf das Tan Tien legen. Die Illustration rechts zeigt Übung 2 im Liegen.

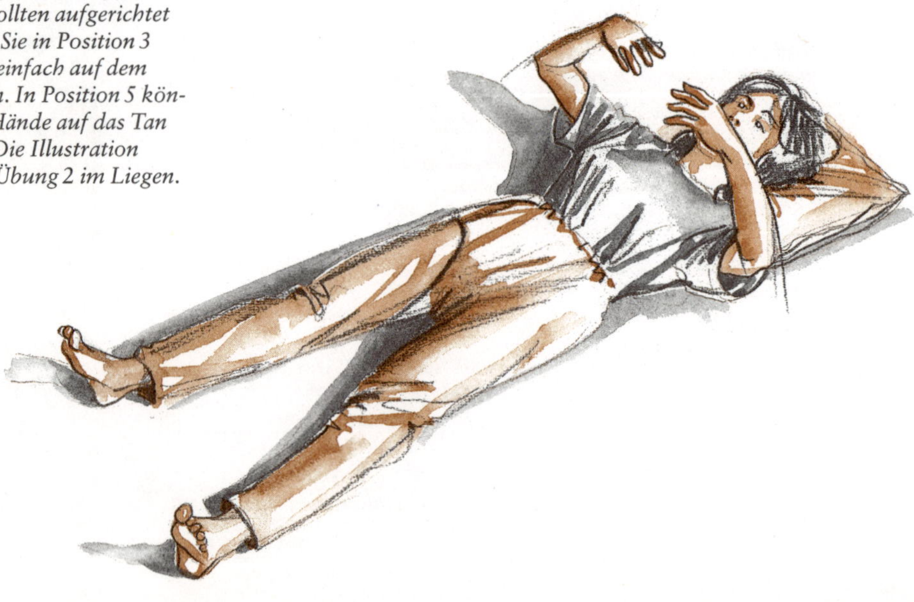

Mittleres Chi Gong

Die folgenden Übungen sollten Sie erst praktizieren, nachdem Sie sich mit den Grundübungen ein Jahr lang oder länger vertraut gemacht haben. Diese Übungen erfordern ein verstärktes Gefühl für Balance und einen Körper, der durch die Praxis der Grundübungen und des Ba Duan Jin eine gewisse Elastizität gewonnen hat. Sie sollten die Zeitdauer für eine Position nach und nach von einer Minute auf fünf Minuten verlängern. Wenn Sie sich an diese Übungen gewöhnt haben und Ihre Glieder lockerer geworden sind, können Sie es mit fortgeschritteneren Dehnübungen versuchen, wie sie in den Übungen 3 und 4 beschrieben sind.

Mittlere Übung 1

1a *Nehmen Sie die Chi-Gong-Grundhaltung ein (S. 34). Verlagern Sie Ihr Gewicht auf den rechten Fuß, und drehen Sie sich ein wenig nach links. Heben Sie die Hände mit nach innen gekehrten Handflächen und einander zugekehrten Fingerspitzen bis in Schulterhöhe. Führen Sie den rechten Fuß mit angehobener Ferse nach vorn.*

1a

1b *Öffnen Sie die Finger beider Hände, und richten Sie sie leicht nach unten und links. Die Beinhaltung bleibt unverändert. Verharren Sie mindestens eine Minute in dieser Haltung, und nehmen Sie dann wieder die Chi-Gong-Grundhaltung ein.*

1b

Fortsetzung
Wiederholen Sie 1a und 1b zur anderen Seite.

2a

Mittlere Übung 2
2a *Wiederholen Sie die Bewegungen von Übung 1 (S. 37) nach links, aber bewegen Sie Ihr linkes Bein um anderthalb Längen weiter nach vorn. Der größere Teil Ihres Gewichts liegt auf dem rechten Fuß. Achten Sie darauf, daß Sie im Gleichgewicht sind und Ihr Oberkörper aufgerichtet ist. Auch die Hände sind um anderthalb Längen weiter auseinander.*

2b *Gehen Sie mit dem rechten Bein etwas weiter nach außen. Kreisen Sie mit beiden Händen nach oben, zur Seite und nach unten, und wenden Sie dabei die Handflächen nach unten. Ihr Blick ist zum Boden gerichtet. Diese Haltung heißt »Den Ballon am Fliegen hindern«.*

2b

Fortsetzung
Kehren Sie zur Position 2a zurück, und wiederholen Sie die Übung zur anderen Seite.

Mittlere Übung 4, fortgeschrittene Version

Mittlere Übung 3

3a *Nehmen Sie die Chi-Gong-Grundhaltung ein (S. 34), verlagern Sie Ihr Gewicht auf das rechte Bein, und heben Sie die linke Ferse.*

3b *Stellen Sie sich vor, daß Ihre linke Hand durch ein Band mit Ihrem linken Knie verbunden ist; heben Sie die linke Hand vor sich hoch und zur Seite, wobei Sie die Handfläche nach außen wenden. Heben Sie gleichzeitig das linke Knie bis Hüfthöhe, die Fußsohle parallel zum Boden. Senken Sie währenddessen die rechte Hand, Handfläche nach unten und Finger nach vorn gerichtet. Bleiben Sie mindestens eine Minute in dieser Haltung (siehe auch Foto S. 22).*

3a

3b

Fortsetzung

Kehren Sie zu 3a zurück, und wiederholen Sie die Übung nach rechts.

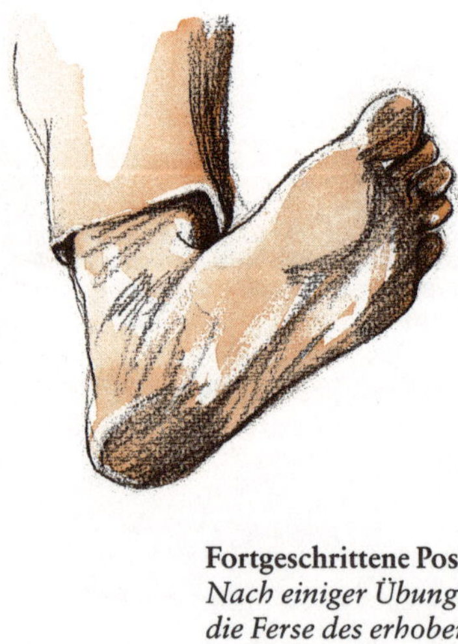

Fortgeschrittene Position 3b

Nach einiger Übung können Sie die Ferse des erhobenen Fußes weiter dehnen und die Zehen so weit wie möglich hochziehen.

Mittlere Übung 4

4a *Beginnen Sie mit der Chi-Gong-Grundhaltung (S. 34), wobei Sie jedoch die Arme nur bis Hüfthöhe heben; verlagern Sie Ihr Gewicht auf den rechten Fuß, und heben Sie die linke Ferse.*

4a

4b *Heben Sie den linken Fuß, führen Sie ihn nach hinten und rechts, so daß er an der rechten Wade anliegt.*

4b

4c *Stellen Sie den linken Fuß rechts hinter sich, so daß die Zehen zur rechten Ferse zeigen. Drücken Sie mit der linken Hand sanft nach vorn und oben, Handfläche nach außen, und mit der rechten Hand parallel zum rechten Bein nach unten. Drehen Sie sich nach rechts, und richten Sie den Blick auf den rechten Fuß. In der fortgeschrittenen Version von 4c (s. Foto S. 39) gehen Sie mit dem hinteren Fuß weiter zurück und zur Seite, bis die Fersen etwa einen Meter voneinander entfernt sind; der Körper dehnt sich in einer Linie mit dem hinteren Bein.*

4c

Fortsetzung

Zurück zu Übung 4a, Wiederholung zur anderen Seite.

Chi-Gong-Gehen

Nach den Chi-Gong-Übungen fühlen Sie sich vielleicht ein wenig steif oder kühl oder sogar ein bißchen müde. Um Ihren Kreislauf wieder anzuregen und Ihre Glieder zu lockern, sollten Sie das Training mit der Chi-Gong-Gehübung abschließen.

Jede der sanften Künste hat ihr eigenes Gehbewegungssystem, mit dessen Hilfe Sie sich entspannen und die Kunst in der bestmöglichen Weise praktizieren können. Die fortgeschritteneren Arten des Gehens, wie im Pa Kua (Seite 66–71) und im T'ai Chi Chuan (Seite 88 f.), sind zugleich die Grundschritte der Übungen. Doch die einfachste Art ist die Chi-Gong-Gehübung.

Im Dunkeln auf dem Eis gehen
Jeder Schritt verläuft langsam und mit vollkommener Aufmerksamkeit – gerade so, als ginge man auf dünnem Eis, oder wie ein Astronaut im luftleeren Raum. Sie sollten sich ganz leicht fühlen und sich auf die sichere Führung ihrer Füße verlassen. Die Hände breiten Sie der besseren Balance wegen zu beiden Seiten aus. Bevor Sie beginnen, sollten Sie die Arme ein paar Minuten lang sanft schütteln und dann locker herabhängen lassen.

1a *Stehen Sie Ferse an Ferse, die Zehen nach außen gerichtet, und breiten Sie die Arme in Chi-Gong-Haltung (S. 35) aus. Richten Sie den Blick geradeaus und stellen Sie sich vor, daß Sie ins Dunkel schauen.*

1a

1b *Beugen Sie leicht die Knie, verlagern Sie langsam Ihr Gewicht auf das linke Bein, und heben Sie den rechten Fuß ein wenig vom und parallel zum Boden. Der Blick ist nach vorn gerichtet.*

1b

1c *Bewegen Sie das rechte Bein nach vorn und etwa 30–45 Grad zur Seite. Stellen Sie sich vor, daß Sie dabei einen Bleistift unter der Fußsohle rollen, aber berühren Sie den Boden nicht.*

1c

1d *Rollen Sie den imaginären Stift zurück bis zum linken Fuß, ohne den Boden zu berühren.*

1d

1e *Kreisen Sie mit dem rechten Fuß nach hinten und dann nach außen, wobei Sie noch immer den Stift rollen.*

1e

1f

1f *Wenn Ihr rechtes Bein ermüdet, stellen Sie es sanft auf den Boden.*

Fortsetzung
Verlagern Sie Ihr Gewicht sanft auf das rechte Bein, und wiederholen Sie die Übung mit dem linken Bein, bis es müde wird.

形意拳

2 Hsing I

Wege zur Harmonie

Auf den ersten Blick wirkt Hsing I wie eine der äußeren Bewegungskünste; die Bewegungen folgen direkt aufeinander, vor und zurück, mit diversen Fauststößen und Tritten. Doch bei näherer Betrachtung wird deutlich, daß alle Bewegungen ausgewogen sind und der Fluß der Bewegung das Wesentliche ist. Das »harte« Erscheinungsbild ist gewissermaßen eine Tarnung, hinter der sich die eigentliche Bedeutung verbirgt, und sogar der Name ist widersprüchlich: »Hsing« bedeutet Form, Manifestation oder äußere Erscheinung, während »I« soviel wie Wille, Absicht oder inneres Ziel meint. Bei dieser Kunst geht es also um die Kontrolle des Körpers durch den Geist.

Die Praxis des Hsing I ist in zwei Bereiche unterteilt. Im ersten sind einige der grundlegenden Techniken des Hsing I mit den fünf Elementen (Seite 46 und 150 f.) assoziiert – fundamentale Konzepte der chinesischen Philosophie, die hier in Bewegungen des menschlichen Körpers übersetzt sind. Im zweiten Bereich finden sich die fortgeschritteneren Formen des Hsing I, die den Bewegungen von zwölf Tieren nachempfunden sind.

In China werden Hsing I und Pa Kua (Kapitel 3, Seite 64–81) meist zusammen gelehrt, aber manche Meister sind der Ansicht, daß Hsing I an die erste Stelle einer Reihe von Übungen gehört, die zunehmend komplexer werden: Pa Kua ist schwieriger und umfassender als Hsing I; und T'ai Chi Chuan ist die hochentwickeltste aller sanften Bewegungskünste.

Hsing I ist besonders stark von der Philosophie des Taoismus (Seite 12) beeinflußt, die allen sanften Bewegungskünsten zugrunde liegt und die die ursprünglich eher mechanistischen Kampfformen in sanfte Bewegungsübungen verwandelt hat. Das Kernstück des Taoismus ist die tiefe Achtung vor der Natur in all ihren Erscheinungsformen, und diese Achtung ist die Basis von Hsing I. Obwohl die Tier-Formen (Seite 60) in ihrer Ausführung technisch sehr schwierig sind, sind gerade sie das beste Beispiel für diesen Gesichtspunkt. Die Taoisten sind der Ansicht, daß die aufmerksame Betrachtung der Natur der Schlüssel zum Verständnis aller Dinge ist. Wenn man Tiere und Pflanzen, Erde und Himmel mit äußerster Genauigkeit und Aufmerksamkeit beobachtet, beginnt man sie zu verstehen und seinen eigenen Platz in der Ordnung des Universums zu sehen.

So wird das Verstehen aus der Beobachtung und Nachahmung der äußeren Form eines Tiers – das ist »Hsing« – geboren; man beginnt, seinen Willen oder seine Absicht zu verstehen – das »I«. Wahrscheinlich macht der Übende als erstes die Entdeckung, daß es der Wille oder das »I« ist, das ihn in den Übungen motiviert. Das heißt, daß der Geist den Körper beherrscht, und daß wir zuerst etwas tun wollen müssen, bevor wir es tun können. Wenn Sie also fähig sind, das »I« in sich selbst oder in irgendeinem anderen Wesen zu erkennen, so ist der erste Schritt hin zu einem tieferen Verständnis getan.

Hsing I ist sowohl eine strenge körperliche Disziplin als auch eine profunde Form der Meditation in Bewegung. Dieser spirituelle Hintergrund unterscheidet somit die sanften Künste von ihren »harten« Verwandten wie Kung Fu oder Karate.

Die fünf Elemente

Die taoistischen Begründer des Hsing I beobachteten mit großer Aufmerksamkeit die Bewegungen von zwölf Tieren und suchten nach dem »I«, dem Willen oder der Absicht in ihnen. Dann übertrugen sie ihre Entdeckungen auf die Ebene menschlicher Bewegung und gestalteten so die »Tier-Formen« (Seite 60–63). Das Ziel ist jedoch nicht, die Bewegungen der Tiere einfach zu imitieren. Die Kunst verlangt, daß Sie das »I« im Tier nachahmen und auf diesem Weg das »I« in sich selbst finden. Auf diese Weise kann die Praxis des Hsing I zu einem Prozeß der Selbsterkenntnis werden.

Der stufenweise Weg führt über eine Reihe einfacherer Übungen, die die Grundformen von Bein-, Arm- und Körperbewegungen beinhalten. Zu den Übungen der **Fünf Elemente** gehören als erstes eine Ausgangsform und daran anschließende Dreh- und Endschritte, die auch in den Tier-Formen verwendet werden. Diese einfacheren Übungen haben aber auch ihren tieferen Sinn, da jede von ihnen mit einem der fünf Elemente verbunden ist. Die fünf Elemente sind Feuer, Erde, Metall, Wasser und Holz. Im klassischen chinesischen Denken sind diese Elemente kreisförmig im Uhrzeigersinn angeordnet (siehe unten). Die Hsing-I-Übungen werden allerdings nicht in genau dieser Reihenfolge ausgeführt. Hier beginnen Sie vielmehr mit Metall und gehen dann weiter zu Holz, Wasser, Feuer und Erde.

Die Elemente im Hsing I
Im Hsing I werden jedem Element eine spezifische Funktion und eine Reihe von Bewegungen zugeordnet. Jede der Bewegungen ist wiederum mit einem bestimmten Organ im Körper verbunden, und wenn Sie mit einem dieser Organe Probleme haben, können Sie Ihre Gesundheit mit der entsprechenden Element-Übung verbessern. Metall etwa wird mit der Aktion des Spaltens (wie mit einer Axt) assoziiert und steht mit den Lungen in Verbindung. Die Elemente sind hierarchisch geordnet, wie Sie im Diagramm sehen können, so daß das jeweils folgende dem vorangehenden überlegen ist.

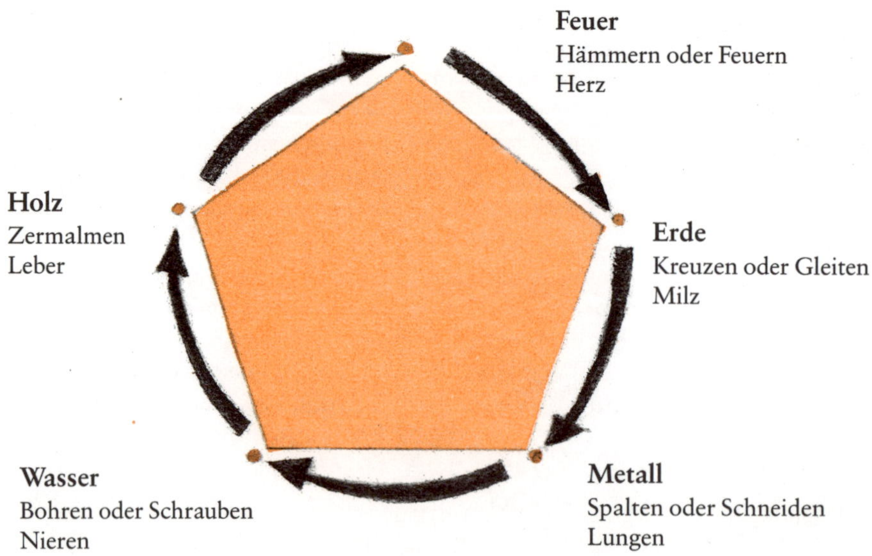

Ausgangsform

Die Ausgangsform, die alle Übungen der **Fünf Elemente** eröffnet, heißt auch San Ti oder die Drei Kernpunkte. Diese sind eine Art »Körperalphabet«, das dem Übenden hilft, die richtige Haltung während der Ausführung beizubehalten. Diese drei Kernpunkte sind Himmel (Kopf), Erde (Hände) und Mensch (Füße). Jeder von ihnen ist wiederum dreifach gegliedert: *Kopf* kontrolliert den Kopf, den Rücken und die Taille; *Hände* kontrollieren die Hände, die Ellbogen und die Schultern; *Füße* kontrollieren die Füße, die Knie und die Oberschenkel. Diese Zuordnungen werden durch die richtige Koordination von Haltung und Bewegung im Hsing I unterstützt. Position F der Ausgangsform (Seite 49) demonstriert deutlich die Wechselbeziehung von Gliedern und Rumpf in einer Bewegung.

Stehende Haltung
Diese Haltung wird im Hsing I oft als Eingangsübung gelehrt. Sie kräftigt nicht nur Arme und Beine, sondern vermittelt auch ein Gefühl für die richtige Anordnung der drei Kernpunkte. Stehen Sie mit geschlossenen Beinen, so daß Knie und Fersen einander berühren und die Zehen leicht nach außen zeigen. Beugen Sie leicht die Knie; heben Sie die Arme wie zu einer Umarmung, halten Sie die Hände in Hüfthöhe, Handflächen nach unten und die Ellbogen leicht angewinkelt. Spreizen Sie die Daumen ab (»Tigermaul«). Anfänger sollten in dieser Haltung nicht länger als zwei Minuten verharren; verlängern Sie die Zeitdauer nach und nach; manche behalten diese Figur bis zu einer halben Stunde bei. Atmen Sie ganz natürlich durch die Nase; die Atembewegung geht vom Tan Tien aus; die Zunge berührt den Gaumen. Das gilt für alle Hsing-I-Übungen.

A

Ausgangsform
Diese Sequenz eröffnet alle Übungen der **Fünf Elemente,** aber man kann sie auch als eigenständige Übung praktizieren. In der Regel wird diese Form recht schnell und energisch ausgeführt, aber nehmen Sie sich beim Lernen Zeit. Die Bewegungen sollten entspannt und der Atem natürlich sein. Mit der Zeit können Sie die Geschwindigkeit steigern – ein Könner braucht für alle Übungen zusammen nicht mehr als zwei oder drei Minuten. Wenn Sie sie als Heiltherapie anwenden wollen, sollten Sie langsam und sanft üben.

B

A *Beginnen Sie mit der Stehenden Haltung (S. 47), wobei die Zehen weiter auseinanderstehen; der linke Fuß zeigt nach vorn, der rechte um 45 Grad nach rechts. Drehen Sie den Oberkörper leicht nach rechts, und kreisen Sie mit den Armen zu beiden Seiten nach außen und oben. Die Arme bleiben leicht angewinkelt, die Daumen stehen ab (»Tigermaul«-Haltung). In Gesichtshöhe drehen Sie die Handflächen nach unten.*

B *Stoßen Sie mit den Händen nach unten bis zum Tan Tien, die Handflächen in horizontaler Stellung. Beugen Sie leicht die Knie, bis sie auf gleicher Höhe mit Ihren Zehen sind.*

C *Lassen Sie Ihre Knie gebeugt. Schließen Sie die rechte Hand sanft zur Faust; halten Sie sie in Brusthöhe, und drehen Sie sie dabei, bis die Handfläche nach oben zeigt. (Im Hsing I ist die Faust bis zum Moment des Zustoßens nur sanft geballt.) Die linke Hand bleibt in Höhe des Tan Tien.*

C

D

D *Stoßen Sie mit der rechten Hand vor, bis der Arm fast völlig gestreckt ist. Die Knie bleiben gebeugt.*

E *Verlagern Sie Ihr Gewicht auf das rechte Bein, während Sie das linke nach vorn strecken; die Fußsohle bleibt horizontal zum Boden, berührt ihn jedoch nicht. Heben Sie gleichzeitig die linke Hand, Handfläche nach oben. Drehen Sie in Höhe des rechten Ellbogens die Handfläche nach unten.*

E

F *Lassen Sie die linke Hand über den rechten Unterarm gleiten, bis der Arm fast völlig gestreckt ist und die Handfläche nach vorn zeigt. Führen Sie die rechte Hand zum Tan Tien, Handfläche nach unten. Der übliche Abstand der Füße im Hsing I ist etwa 90 cm von der Ferse des hinteren Fußes bis zu den Zehen des vorderen Fußes (siehe Foto S. 53).*

F

Fortsetzung

Wenn Sie diese Form als eigenständige Übung praktizieren wollen, führen Sie A–F mit der anderen Körperseite aus. Wiederholen Sie die Übung dann nochmals auf beiden Seiten. Bewegen Sie sich so weit vorwärts, wie der vorhandene Platz es erlaubt. Kehren Sie dann um, wobei Sie die Schritte von S. 51 ausführen. (Sie können von einigen Minuten bis zu einer Stunde üben.) Oder Sie gehen von Position F zum nächsten Element über.

Spalten (Metall)
Die Armbewegungen imitieren hier das Schlagen einer Axt. Ihr Chi (S. 24 u. 150) oder Ihre Lebensenergie folgt Ihren Händen nach oben und unten. Der chinesischen Theorie der fünf Elemente zufolge (s. auch S. 151 ff.) ist Metall gut für die Lungen.

1a *Aus Position F der Ausgangsform führen Sie die linke Hand nach unten und schließen sie in Höhe des Tan Tien zur Faust, Handfläche nach oben. Die rechte Hand bleibt auf derselben Höhe, Handfläche nach unten. Die Beinhaltung ist dieselbe wie in F.*

1a

1b *Bewegen Sie den Körper nach vorn und verlagern Sie Ihr Gewicht auf das linke Bein. Stoßen Sie mit der rechten Faust bis in Schulterhöhe nach vorn und oben. Während Sie sich weiter nach vorn in die Position 1c bewegen, stampfen Sie kurz und nicht zu heftig mit dem linken Fuß auf, wobei Sie ihn nach außen drehen (diese Bewegung ist charakteristisch für Hsing I).*

1b

1c *Bewegen Sie sich noch weiter nach vorn, auf das linke Bein gestützt, und ziehen Sie den rechten Fuß zum linken heran, wobei er etwa 2 cm über dem Boden bleibt. Legen Sie währenddessen die rechte Hand an den linken Ellbogen. Öffnen Sie die linke Hand, Handfläche nach oben.*

1c

1d

1d *Machen Sie mit dem rechten Bein einen Schritt nach vorn (Hsing-I-Abstand von 90 cm). Der rechte Fuß zeigt nach vorn, der linke dreht sich nach außen. Die rechte Hand bewegt sich vorwärts, während die linke nach unten sinkt.*

Fortsetzung
Wiederholen Sie diese Schrittfolge von 1a bis 1d mit dem anderen Bein und Arm. Zur Kehre führen Sie die unten beschriebenen Schritte aus; *Endschritte s. S. 57 f.*

Drehschritte
Drehen Sie den Körper auf dem führenden Fuß (der beim letzten Schritt vorn war). Wenn der rechte Fuß führt, ändern Sie die Richtungen.

1

2

1 *Drehen Sie den linken Fuß auf der Ferse so weit wie möglich nach innen. Verlagern Sie Ihr Gewicht auf das rechte Bein, und drehen Sie den rechten Fuß nach außen. Senken Sie gleichzeitig beide Hände zum Tan Tien.*

2 *Verlagern Sie Ihr Gewicht auf das linke Bein, und heben Sie den rechten Fuß, die Zehen nach oben und außen gerichtet. (Diese Bewegung finden Sie auch auf S. 59.) Ballen Sie Ihre rechte Hand zur Faust und erheben Sie sie.*

Zermalmen (**Holz**)
Beginnen Sie mit der Ausgangsform (S. 48 f.) und gehen Sie dann von F zu 2a über. Es heißt, daß Holz sich dehnen und zugleich zusammenziehen kann – wie hier die Faust, die zuerst locker ist, dann fest, dann wieder locker. Die Übung ist gut für die Leber.

2a

2a *Von der Figur F der Ausgangsform ausgehend senken Sie erst die linke Hand und schließen sie zur Faust, dann die rechte, so daß sich beide vor dem Tan Tien befinden. Lassen Sie Ihre Beine in Position F.*

2b

2b *Verlagern Sie Ihr Gewicht nach vorn auf das linke Bein, und rücken Sie mit dem rechten Fuß nach, bis die Füße nur noch halb so weit voneinander entfernt sind wie in 2a. Stoßen Sie gleichzeitig mit der rechten Faust nach vorn. Die rechte Schulter folgt beim Stoß leicht dem Arm.*

Fortsetzung
Die Führung bleibt beim linken Bein, aber die Stöße werden abwechselnd rechts und links ausgeführt. Bewegen Sie sich in gerader Linie vorwärts, verwenden Sie die Drehschritte (S. 51), wenn es nötig ist, und beschließen Sie die Übung mit den Endschritten (S. 57 f.).

Position F der Ausgangsform

Bohren (Wasser)
Die Bezeichnung Bohren (oder Schrauben) bezieht sich auf den Stoß nach vorn. Diese schnelle, nach vorn gerichtete Bewegung soll, wie es heißt, das Chi »wie eine Fontäne hochschießen« oder »aufblitzen« lassen. Die Wasserübung ist mit den Nieren assoziiert.

3a *Beginnen Sie mit der Ausgangsform A–F. Gehen Sie weiter zu 2a (S. 52). Stoßen Sie mit der linken Faust vor, nach oben und dann zum Körperzentrum. Das ist der Bohr-Stoß. Heben Sie kurz den linken Fuß und drehen Sie ihn dabei leicht nach außen. Ihre rechte Faust bleibt unten.*

3a

3b *Öffnen Sie beide Hände, die linke Handfläche zum Gesicht, die rechte nach unten. Heben Sie kurz den linken Fuß, und drehen Sie ihn nach außen, während Sie zu Übung 3c weitergehen.*

3b

3c *Machen Sie mit dem rechten Bein einen Schritt nach vorn. Heben Sie den rechten Arm, formen Sie eine Faust, Handfläche nach oben. Die linke Hand gleitet unten über den rechten Unterarm. Beenden Sie diese Bewegung mit der Handfläche nach unten.*

Fortsetzung
Wechseln Sie links und rechts ab. Verwenden Sie die Drehschritte (S. 51), und beschließen Sie die Übung mit den Endschritten (S. 57f.).

3c

Hämmern (Feuer)
Hämmern oder auch Feuern symbolisiert die explosive Eigenschaft des Feuers, im Gegensatz zu seiner wärmenden oder schmelzenden Kraft. Die Fäuste explodieren nach außen, eine nach der anderen, mit einer kräftigen kreisenden Bewegung. Ebenso wie das Element Feuer ist auch die Übung Hämmern mit dem Herz verbunden; in China wird diese Übung als Herztherapie angewendet.

4a

4a *Beginnen Sie mit der Ausgangsform (S. 48 f.). Aus Position F führen Sie das rechte Bein parallel zum linken; die Knie befinden sich in einer Linie mit den Zehen. Senken Sie die linke Hand mit nach unten gerichteter Handfläche bis in Höhe der rechten Hand. Drehen Sie gleichzeitig den Oberkörper 45 Grad nach rechts.*

4b

4b *Machen Sie mit dem rechten Bein einen Schritt nach vorn, so daß sich das Schienbein in vertikaler Linie befindet. Verringern Sie den Abstand mit dem linken Bein zur halben Hsing-I-Schrittlänge, wobei die Zehen nach außen zeigen. Schließen Sie die rechte Hand zur Faust, und führen Sie sie bis über den Kopf, wobei Sie die Handfläche nach außen drehen. Schließen Sie gleichzeitig auch die linke Hand zur Faust, und stoßen sie in Brusthöhe nach vorn.*

Fortsetzung
Wechseln Sie links und rechts ab. Verwenden Sie die Drehschritte (S. 51), und beschließen Sie die Übung mit den Endschritten (S. 57 f.).

Kreuzen (Erde)
Kreuzen oder Gleiten bezieht sich auf die Arme – jede Faust gleitet abwechselnd nach vorn und kreuzt dabei den jeweils anderen Arm. In 5 a machen die Arme sowohl eine abwehrende wie angreifende Bewegung. Es heißt, daß das Chi »mit abgeschwächter Energie nach vorn stößt«. Das fünfte Element, Erde, ist mit der Milz assoziiert.

5 a

5 a *Beginnen Sie wie üblich mit der Ausgangsform (S. 48 f.). Gehen Sie aus der Position F mit dem linken Bein weiter nach links vor, wobei die Zehen leicht nach innen zeigen. Ziehen Sie dann den rechten Fuß zum linken, und halten Sie ihn angehoben parallel zum Boden. Kreisen Sie mit dem rechten Arm über den Körper, nach innen zum Zentrum und hoch bis unter den linken Arm. Machen Sie eine Faust, und heben Sie diese bis Kinnhöhe, Handfläche nach oben. Senken Sie währenddessen die linke Hand, und schließen Sie sie in Höhe des Tan Tien zur Faust, Handfläche nach unten.*

5 b

5 b *Machen Sie mit dem rechten Fuß einen Schritt vorwärts nach rechts. Bringen Sie den linken Fuß in die Position 4 b. Kreisen Sie gleichzeitig mit dem linken Arm über den Körper und unter den rechten Arm, formen Sie eine Faust und beenden Sie diese Bewegung in Kinnhöhe, Handfläche nach oben. Senken Sie währenddessen die rechte Hand zum Tan Tien, und formen Sie eine Faust, Handfläche nach unten.*

Fortsetzung
Wiederholen Sie 5 a und 5 b und wechseln Sie dann die Seiten. Verwenden Sie die Drehschritte (S. 51), wenn nötig, und beenden Sie die Übung mit den folgenden Endschritten.

Endschritte
Jede Hsing-I-Übung, einschließlich der Tier-Formen, wird mit diesen Schritten beendet (A–E). Ihre Ausführung sollte langsam, ruhig und konzentriert verlaufen.

A

A *Wenn Sie Ihre letzte Drehung beendet haben, nehmen Sie nach jeder Übung die Position F der Ausgangsform (S. 49) ein. Verlagern Sie langsam Ihr Gewicht nach vorn auf den linken Fuß. Kreisen Sie mit dem rechten Arm nach außen, bis die Handfläche nach oben zeigt, und drehen Sie auch die linke Handfläche nach oben, während Sie den Arm nach außen bewegen. Die Bewegung endet damit, daß Sie die Arme zu beiden Seiten geöffnet halten, die Ellbogen leicht angewinkelt, Handflächen nach oben.*

B

B *Führen Sie den rechten Fuß zum linken; die Knie sind geschlossen. Senken Sie die Ellbogen, und heben Sie zugleich die Hände.*

C *Kreisen Sie mit beiden Armen zur Mitte hin und abwärts, und gehen Sie etwas mehr in die Knie. Dadurch wird das Chi gesammelt und nach unten gelenkt. Senken Sie beide Hände zum Tan Tien, Handflächen nach unten. Drehen Sie dann den Körper leicht nach links – in der gesamten Bewegung unterstützt diese kleine Drehung die Chi-Konzentration.*

C

D

D *Richten Sie sich nun auf, strecken Sie die Beine, und drehen Sie den Körper leicht nach rechts, so daß Sie wieder gerade stehen. Lassen Sie gleichzeitig die Arme beidseits locker herabhängen.*

E

E *Erheben Sie sich langsam auf die Zehenspitzen, und lassen Sie sich dann wieder nieder. Stehen Sie abschließend ein paar Augenblicke still, und atmen Sie tief und gleichmäßig aus dem Tan Tien.*

Schritt 2 der Drehschritte

Die zwölf Tiere

Im Hsing I wird durch jedes der zwölf Tiere eine Bewegung angeregt, die seine äußere Form nachahmt und sein Wesen verkörpert. Die Übungen – Drache, Tiger, Affe, Pferd, Krokodil (oder Schildkröte), Hahn (oder Huhn), Sperber (oder Falke), Schwalbe, Schlange, Kranich (Taube), Adler und Bär – wirken fast tänzerisch, in Wirklichkeit aber sind es technische Varianten der Kampfdisziplinen. Ihre Ausführung ist bei weitem schwieriger als die der **Fünf Elemente** und erfordert eine bereits längerwährende Praxis in den sanften Künsten. Hier wird nur die Bewegungsfolge des Tigers im Detail gezeigt, da sie eine der unkompliziertesten Formen ist. Die meisten anderen sind sehr schwierig – Hsing-I-Meister lehren gewöhnlich nur eine oder zwei. Adler, Drache und Schwalbe sind auf Seite 62 dargestellt; Pferd und Affe finden Sie auf den Seiten 44 und 63. Jede Tier-Form wird von der Ausgangsform (Seite 48 f.) eingeleitet, und die Bewegungsfolge wird laufend wiederholt, wobei sich der Übende in gerader Linie bewegt, wie es im Hsing I üblich ist.

Tiger
Der Tiger ist das stärkste und aggressivste Tier in China. Die Tiger-Form wird bei weitem »tigerhafter« empfunden, als sie aussieht – ihr »I« ist wichtiger als ihr »Hsing«. Der Prankenschlag des Tigers wird durch zupackende Bewegungen der Hände symbolisiert. In einer Variante ahmen die Hände und Unterarme das Öffnen und Schließen der Kiefer nach.

1a

1a *Gehen Sie aus der Position F in die Ausgangsform (S. 49): linkes Bein vorn, linker Arm mit nach oben weisender Faust erhoben, rechte Hand am Tan Tien – mit dem linken Fuß etwas nach links vor. Halten Sie den rechten Arm parallel zum linken, und strecken Sie beide Arme mit geöffneten Handflächen nach vorn.*

1b *Stellen Sie den rechten Fuß neben den linken, und senken Sie beide Hände zum Tan Tien.*

1b

1c

1c *Schließen Sie beide Hände zur Faust, Handflächen nach unten, um das Chi zu sammeln und dann nach oben zu leiten. Drehen Sie dann die Fäuste nach oben, und ziehen Sie die Ellbogen leicht zurück.*

1d *Machen Sie mit dem rechten Bein einen Schritt nach vorn und dabei leicht nach rechts, aber stellen Sie den Fuß nicht ab. Heben Sie beide Fäuste, und kreuzen Sie sie in Schulterhöhe, Handflächen nach innen, rechtes Handgelenk unter dem linken.*

1d

1e

1e *Treten Sie nun mit dem rechten Fuß auf und nehmen Sie den linken etwas näher zum rechten heran. Öffnen Sie beide Hände mit den Handflächen nach außen, und stoßen Sie sie mit gekrümmten Fingern vor. Lassen Sie die Handgelenke einander berühren, und trennen Sie sie wieder. Diese Bewegung deutet das Zerreißen an.*

Fortsetzung
Wiederholen Sie die Übungen 1a–e auf der anderen Körperseite, und wechseln Sie dann die Seiten ab, wobei Sie sich in gerader Linie vorwärtsbewegen. Verwenden Sie, wenn nötig, die Drehschritte (S. 51), und beenden Sie die Übung mit den Endschritten (S. 57 f.).

Adler
Die Bewegung des Adlers hat den Charakter eines direkten Angriffs: Er stürzt sich auf sein Opfer herab und packt es. Könner praktizieren die Adler-Form, indem sie große Steinkrüge an ihrem oberen Rand fassen und hochheben. Eine andere Hsing-I-Tier-Übung, Falke oder Sperber, beinhaltet eine ähnliche raubvogelhafte Bewegung.

Drache
Der Drache ist bekannt für seine Kraft und seine aufgebrachten, schnellenden und um sich schlagenden Bewegungen. Die Hsing-I-Form enthält Bewegungen des Kauerns und Kriechens, aus denen man lebhaft und kraftvoll in die Höhe springt.

Schwalbe
Die Arme ahmen die anmutige Flügelhaltung und den gewandten Flug des Vogels nach. Die Übung verläuft schnell und ist voller Überraschungen. Der Ausführende stürzt sich herab – und im Kampf überwältigt er den Gegner, indem er nach seinem Fußknöchel greift und ihn wegzieht.

Die Affen-Form, eines der zwölf Tiere

八卦掌

3 Pa Kua

Ewige Wandlung

Pa Kua ist wohl die eigenartigste aller sanften und harten, inneren und äußeren Bewegungskünste. Der Übende bewegt sich mit äußerster Schnelligkeit, wirbelt in Kreisen herum, wechselt ganz plötzlich die Richtung, schnellt hoch und stürzt sich herab, wechselt wieder die Richtung und so fort. Auf den ersten Blick scheint dieses schnelle Kreisen überhaupt nichts mit Hsing I oder T'ai Chi Chuan gemeinsam zu haben. Doch alle Bewegungsformen haben dieselben Wurzeln, sowohl was ihre äußere Form als auch ihre Bedeutung anbelangt (siehe Ursprung und Philosophie der Bewegungskünste Seite 12 ff.).

Pa Kua bedeutet wörtlich »acht Diagramme« und bezieht sich auf die acht grundlegenden Trigramme des *I Ching*, des klassischen chinesischen Buchs der Wandlungen (siehe auch Seite 13 und 66). Historisch zurückverfolgen läßt sich die Praxis des Pa Kua, ebenso wie die des T'ai Chi, nicht mehr als etwa 300 Jahre, doch die Philosophie, die ihm zugrunde liegt, ist nahezu 3000 Jahre alt. Es ist anzunehmen, daß Pa Kua über Generationen hinweg unter dem Siegel der Verschwiegenheit von Meister zu Schüler weitergegeben wurde, bevor zum erstenmal darüber berichtet wurde – wie das ja auch bei den anderen Bewegungskünsten der Fall war.

Die zentrale Bedeutung dieser Kunst liegt im Prinzip der Wandlung, und die Praxis des Pa Kua wird dementsprechend auch als »die Wandlungen vollziehen« bezeichnet. Einer der wichtigsten Gedanken in der Philosophie des Taoismus, auf der das Pa Kua basiert, ist die Überzeugung, daß alle Dinge in der Natur einem ununterbrochenen und ewigen Wandel unterworfen sind. Und wir Menschen können diese Realität nur verstehen, wenn wir diesen Zustand des immerwährenden Fließens akzeptieren. Jeder Versuch, sich auf eine festgelegte Form oder Struktur oder auf ein unveränderliches Modell festzulegen, muß also scheitern und ist eine Illusion, die der Unfähigkeit entspringt, sich mit der Vergänglichkeit allen Lebens abzufinden.

Die Fremdartigkeit des Pa Kua sollte einen nicht dazu verleiten, es lediglich als eine Reihe von esoterisch begründeten Bewegungen zu betrachten. In Wirklichkeit ist es von großem praktischem Nutzen. Und obwohl man beim Erlernen des Pa Kua zunächst einmal seine Form und Struktur in die Bewegungen aufnehmen muß, ist das angestrebte Ziel – wie in allen anderen sanften Bewegungskünsten auch – letztendlich die Überwindung der Form. Die präzisen Pa-Kua-Bewegungen sind recht schwer zu erlernen, da ihre Ausführung so unvorhersehbar wie nur möglich angelegt ist. Pa Kua geht davon aus, daß jeder, der vorgegebene Bewegungsformen praktiziert, durch einen Gegner gefährdet ist, der diese Formen kennt. Der Pa-Kua-Meister reagiert unmittelbar auf die augenblicklichen Situationen und ändert ständig die Form, womit er den Gegner irritiert. Sobald der Praktizierende die Kunst beherrscht, vernachlässigt er die Form ganz. Sein Handeln wird damit unberechenbar, und zugleich kommt er seinem Selbst immer näher. Auf diese Weise vermittelt Pa Kua dem Meister die Fähigkeit, sich all den Wandlungen, denen wir im Leben unterworfen sind, spontan und natürlich anzupassen und angemessen auf sie zu reagieren.

Die acht Diagramme

Der Begriff Pa Kua bedeutet eigentlich »acht Diagramme« oder »acht Trigramme« und bezieht sich auf die acht unterschiedlichen Dreiergruppen parallel angeordneter Striche, die im *I Ching*, im Buch der Wandlungen (siehe auch Seite 13 und 66), verwendet werden. Zur Befragung wurden getrocknete Schafgarbenstengel benutzt, die man in einer bestimmten Weise fallen ließ und dann abzählte, wodurch man den Hinweis auf ein bestimmtes Diagramm erhielt. Im Lauf der Jahrhunderte entwickelte sich das Buch der Wandlungen zu einem Quell der Weisheit und des Wissens des traditionellen China. Über seinen weissagenden und magischen Gehalt hinaus sind in ihm die Wurzeln der chinesischen Kultur selbst zu finden. Und im Lauf der Zeit fand auch eine Weiterentwicklung der Diagramme statt: Symbole nicht etwa für ein statisches Konzept, sondern für das sich ewig Wandelnde.

In den sanften Künsten stellt man sich die Diagramme in kreisförmiger Anordnung am Boden vor, und der Praktizierende folgt in seiner Übung diesem Kreis. Bei jedem der acht Zeichen findet eine Wandlung statt. Es gibt eine Auffassung, nach der Pa Kua eine Darstellung der ständigen Veränderung ist, jener treibenden Kraft im Universum.

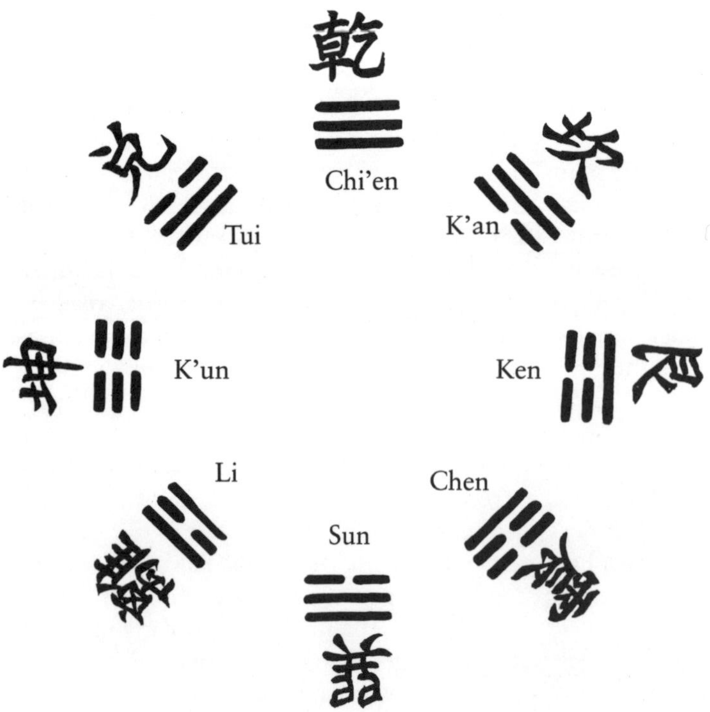

Die acht Diagramme
Jedes Diagramm hat einen Namen, der auf seine Tendenz in der Bewegung hinweist. Im Uhrzeigersinn von oben: Chi'en ist das Schöpferische, K'an das Abgründige, Ken das Verharren, Chen das Erregende, Sun das Sanfte, Li das Beständige, K'un das Empfangende und Tui das Heitere.

Pa-Kua-Gehen

Es gibt im Pa Kua keine speziellen Aufwärmübungen wie im Hsing I, aber die meisten Übenden praktizieren erst einmal die Gehübung, bevor sie zu komplexeren Formen übergehen. Das unten gezeigte Gehen ist die Basis für alle folgenden Übungen. Es kräftigt die Beine und lockert die Knöchel, was ganz besonders wichtig ist für das schnelle Kreisen und Verändern der Bewegungen, die Sie später lernen. Es unterstützt auch Ihr Gefühl für die richtige Haltung; dabei spielt vor allem das leichte Anheben des Fußes parallel zum Boden eine Rolle.

Pa-Kua-Gehen
Beginnen Sie langsam, und steigern Sie nach und nach das Tempo; atmen Sie natürlich aus dem Tan Tien. Gleiten Sie in gerader Linie vorwärts.

1a *Stehen Sie aufrecht, die Füße geschlossen und die Arme seitwärts herabhängend. Schauen Sie geradeaus.*

1b *Bewegen Sie Ihr rechtes Bein vorwärts, stellen Sie den Fuß flach auf den Boden und beugen Sie ein wenig das linke Knie. Verlagern Sie Ihr Gewicht auf das rechte Bein.*

1c *Heben Sie den linken Fuß 2 cm vom Boden und halten Sie die Fußsohle parallel zum Boden.*

1d *Führen Sie den linken Fuß ganz gleichmäßig am rechten vorbei, und stellen Sie ihn dann flach auf den Boden.*

Fortsetzung
Verlagern Sie Ihr Gewicht nach vorn, und gehen Sie weiter; verwenden Sie, wenn nötig, die Pa-Kua-Drehübung (S. 68).

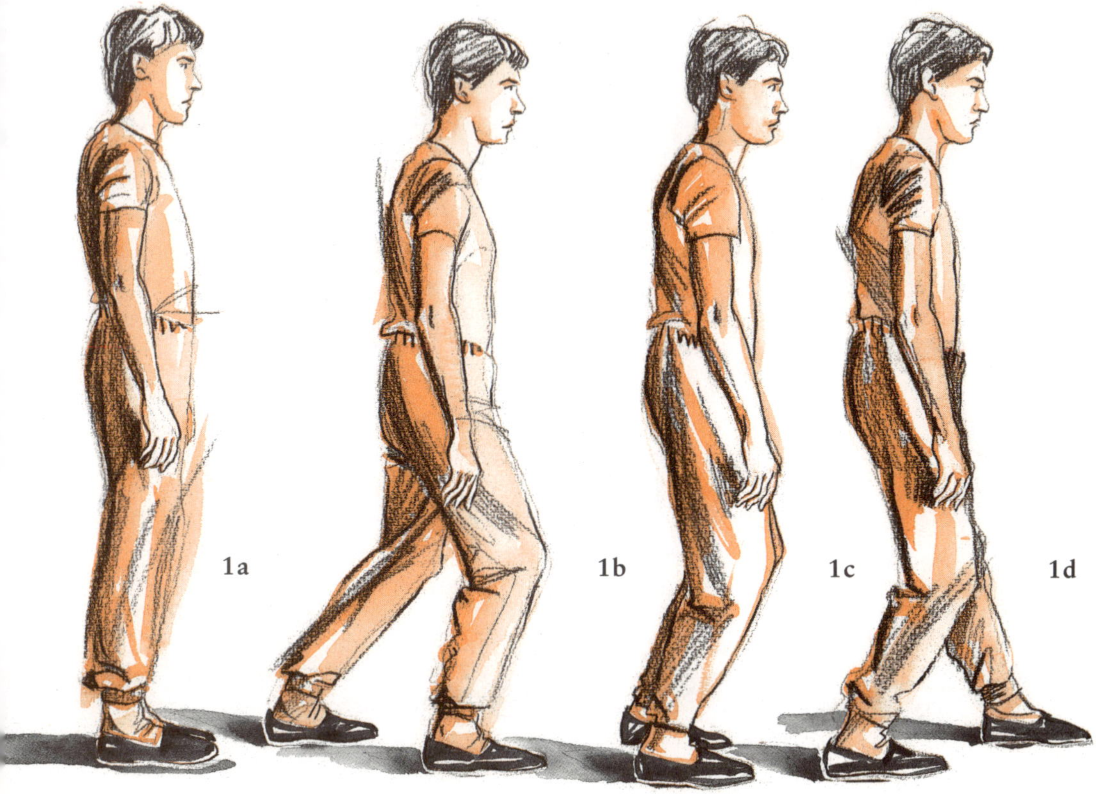

1a 1b 1c 1d

Pa-Kua-Drehen
Sobald Sie beim Gehen in gerader Linie das Ende Ihres Übungsraums erreicht haben, müssen Sie wenden. Tun Sie das mit zwei Drehschritten (siehe unten). Es spielt dabei keine Rolle, ob rechter oder linker Fuß führen.

1 *Verlagern Sie Ihr Gewicht nach hinten auf den linken Fuß, während Sie den rechten zur Drehung nach vorn bewegen.*

2 *Heben Sie den linken Fuß nur 2 cm vom Boden, und plazieren Sie ihn im rechten Winkel vor dem rechten. Die Knie sind in der typischen X-beinigen Pa-Kua-Haltung leicht gebeugt. Diese Bewegung heißt »Schritt nach innen«.*

3 *Verlagern Sie Ihr Gewicht auf das rechte Bein, heben Sie dann den linken Fuß ein wenig vom Boden, und drehen Sie ihn um 180 Grad nach links.*

Fortsetzung
Verlagern Sie Ihr Gewicht auf das linke Bein, und drehen Sie den rechten Fuß auf der Ferse, bis er parallel zum rechten steht. Jetzt können Sie wieder mit dem Pa-Kua-Gehen fortfahren.

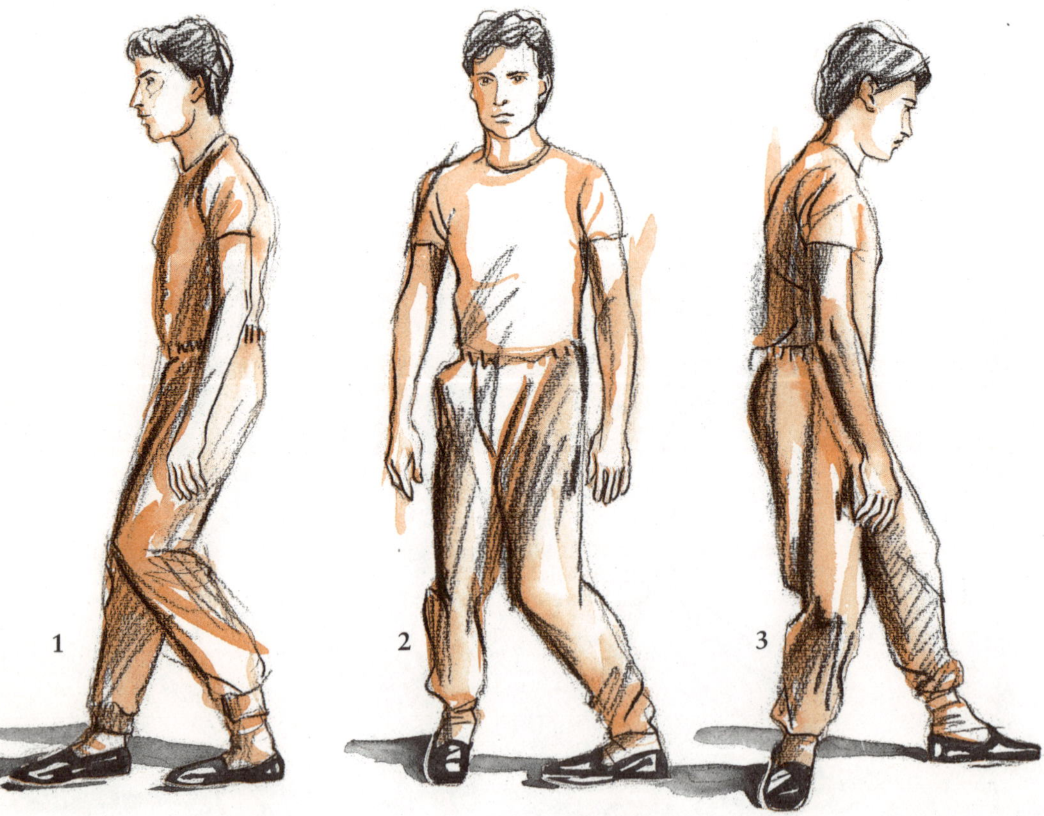

Position 1 aus den **Acht fixierten Haltungen**

Im Kreis gehen
Das Gehen im Kreis stellt im *I Ching*, dem Buch der Wandlungen, die Weisheit dar. Die ersten Schritte dienen der Vorbereitung, der Kreis selbst beginnt bei 2d. Sie können im oder gegen den Uhrzeigersinn gehen. Die Größe des Kreises richtet sich nach dem verfügbaren Platz, aber im Durchschnitt macht der Anfänger acht Schritte. Von 2d an können Sie jede der Armhaltungen von S. 72–74 einnehmen (die Position unten ist die erste der acht). Innerhalb der Kampfkünste ermöglicht die Bewegung im Kreis Überraschungs- und Ausweicheffekte.

2a

2a *Stehen Sie entspannt, die Beine schulterbreit gegrätscht, die Arme seitwärts herabhängend.*

2b

2b *Kreisen Sie mit den Armen nach außen und oben, und drehen Sie dabei den Körper leicht nach rechts. Schauen Sie nach vorn und nach rechts.*

2c *Kreisen Sie mit den Armen nach unten, und halten Sie dabei die Hände vor sich, Handflächen nach unten, die Finger gegeneinander gerichtet (dies ist die erste der* Fixierten Armhaltungen, *S. 72). Nun können Sie mit dem Kreis beginnen.*

2c

2d *Wenn Sie im Uhrzeigersinn gehen, drehen Sie den Körper leicht nach links, während Sie Ihr Gewicht auf das rechte Bein verlagern; gehen Sie mit dem linken Bein – den Fuß nah am Boden – vorwärts. Die Arme bleiben in derselben Haltung.*

2d

2e

2e *Stellen Sie den linken Fuß auf den Boden, drehen Sie dabei die Zehen leicht nach innen, und verlagern Sie Ihr Gewicht nach vorn.*

2f *Heben Sie den rechten Fuß und führen Sie ihn, die Fußsohle parallel zum Boden, dicht an den linken Fuß.*

2f

Fortsetzung
Gehen Sie im Kreis mit denselben Schritten wie im Geraden (S. 67), nur daß Sie die Zehen des äußeren Fußes nach innen drehen.

Die acht fixierten Haltungen

Diese acht Armhaltungen, die man beim Gehen im Kreis einnimmt (Seite 70 f.), sind für Ihre Gesundheit von Bedeutung, denn jede von ihnen bewegt das Chi oder die Lebensenergie in eine andere Richtung und beeinflußt so bestimmte Organe und Meridiane (Seite 152). Sie können eine Armhaltung nach der anderen einnehmen oder je eine auswählen. Konzentrieren Sie sich bei der Bewegung auf Ihre Arme, und lassen Sie das Chi frei fließen; seien Sie sich zugleich der Aussage der jeweiligen Haltung bewußt, und stellen Sie sich vor, daß Sie das tatsächlich tun, was diese Aussage meint. Sie können jede der Haltungen von einigen Minuten bis zu einer Stunde oder länger beibehalten, wobei Sie im oder gegen den Uhrzeigersinn im Kreis gehen.

Die acht fixierten Haltungen
Die Armhaltungen werden beim Gehen im Uhrzeigersinn eingenommen. Wenn Sie gegenläufig gehen, müssen Sie sie entsprechend umkehren.

1

1 Hinunterdrücken
Drücken Sie mit den Handflächen nach unten, die Finger gegeneinander gerichtet. Stellen Sie sich vor, daß Sie einen Wasserball etwa in Hüfthöhe unter die Wasseroberfläche drücken. Diese Bewegung lenkt die Energie nach unten und vorn (siehe auch Foto S. 69).

2

2 Umarmen
Halten Sie die Arme vor sich, die rechte Hand ein wenig über der linken – als würden Sie etwas sehr Kostbares halten und sich zugleich selbst vor der Welt schützen.

3

3 Nach vorn drücken
Halten Sie die Arme kreisförmig vor sich, drehen Sie die Handflächen nach außen, und stellen Sie sich vor, daß Sie etwas Schweres von sich wegdrücken. Hier wird die Energie direkt nach vorn gelenkt.

4 Den Himmel obenhalten
Heben Sie beide Arme seitlich hoch, die Hände in Kopfhöhe, Handflächen nach oben. Ihre Kraft geht nach außen und oben; die Energie dehnt sich nach außen aus.

4

5 Löwe beim Ballspielen
Halten Sie den linken Arm hoch über den Kopf, und runden Sie die Hand nach rechts. Strecken Sie die rechte Hand seitlich in Schulterhöhe aus, Handfläche nach oben – als würden Sie einen Ball von einer Seite zur anderen werfen.

5

6

6 Nach vorn und hinten drücken
Halten Sie die rechte Hand vor sich in Schulterhöhe, und drehen Sie die Handfläche nach außen. Nehmen Sie den linken Arm nach hinten, und drehen Sie die Handfläche in Taillenhöhe nach außen. Ihre Energie dehnt sich in dieser Haltung nach vorn und hinten und zugleich nach oben und unten aus.

7 Himmel und Erde verbinden
Heben Sie den rechten Arm, so daß die Finger zum Himmel zeigen. Der linke Arm kreuzt schräg den Körper, Handflächen nach oben, so daß die Finger nach unten zeigen. Ihre Arme gestalten einen Kreislauf zwischen Himmel und Erde.

7

8 Der Drache dreht sich in der Mitte
Bewegen Sie beide Arme nach rechts, die rechte Hand etwa in Kopfhöhe, Handfläche nach rechts gewandt, die linke Hand nahe dem rechten Ellbogen, Handfläche nach rechts. Beim Gehen drücken die Hände zur Mitte des Kreises (siehe auch Foto S. 64).

8

Löwe beim Ballspielen, Position 5 der **Acht fixierten Haltungen**

Wechsel der Handflächen

Der einfache und der doppelte Wechsel der Handflächen wird im allgemeinen dann eingesetzt, wenn man die Richtung beim Gehen in gerader Linie oder im Kreis ändern will, oder aber, wenn man die Armhaltung wechselt. Diese Bewegungen enthalten sowohl die defensiven wie die offensiven Techniken des Pa Kua: Sie lernen die Ausführung des »Tötens«, und zwar so rasch und wirkungsvoll wie möglich. In den Wechseln sind die Techniken für Schlagen, das Verrenken der Glieder, für Erdrosseln und so weiter verborgen. Es gibt viele Variationen des einfachen und des doppelten Wechsels, aber die zwei hier dargestellten Versionen enthalten die wichtigsten Bewegungen.

Der einfache Wechsel der Handflächen (unten und Seite 80 f.) besteht aus einem Schlag gegen die Brust des (imaginären) Gegners und einem darauffolgenden Schlag gegen den Kopf – ein Angriff, der eine halbkreisförmige Bewegung Ihres Körpers erfordert. Der doppelte Wechsel der Handflächen enthält die Techniken des einfachen Wechsels und eine weitere Reihe von Stößen, wobei sich Ihr Körper um insgesamt 360 Grad dreht.

3a

Einfacher Wechsel der Handflächen

3a (4a) *Beginnen Sie mit den Armen in der Position* Herunterdrücken (Acht fixierte Haltungen *1, S. 72). Wenn Sie mit dem rechten Fuß vorwärtsgehen – geradeaus oder im Kreis –, heben Sie die rechte Hand bis in Gesichtshöhe und die linke an den rechten Ellbogen, Handfläche nach oben. Drehen Sie das Gesicht nach rechts.*

3b (**4b**) *Drehen Sie den ganzen Körper nach rechts und die Handflächen nach rechts außen. Die linke Hand bleibt unter dem rechten Ellbogen.*

3b

3c (**4c**) *Stellen Sie den rechten Fuß im rechten Winkel neben den linken, Ferse nach außen, und drehen Sie mit dieser Bewegung den Körper nach rechts.*

3c

3d (**4d**) *Heben Sie jetzt den rechten Fuß ein wenig vom Boden und drehen Sie ihn um 90 Grad, Zehen nach außen. Senken Sie die rechte Hand, als wollten Sie einen Schlag abwehren.*

3d

3e

3e (4e) *Machen Sie mit dem rechten Fuß einen Schritt nach vorn rechts, und verlagern Sie Ihr Gewicht ein wenig nach vorn. Schieben Sie die rechte Hand weiter vor.*

3f (4f) *Machen Sie mit dem linken Fuß einen Schritt nach vorn, und richten Sie die Zehen im rechten Winkel auf den rechten Fuß. Kreuzen Sie beide Arme vor dem Körper, linker Arm innen, Handflächen nach oben.*

3f

3g *Drehen Sie den Körper nach links, und heben Sie die linke Hand seitlich bis in Kopfhöhe, Handfläche nach außen. Gleichzeitig führen Sie die rechte Hand bis unter den linken Ellbogen, Handfläche nach außen. Dies ist dieselbe Armhaltung wie fixierte Haltung 8. Verlagern Sie dabei Ihr Gewicht nach hinten auf den rechten Fuß, und drehen Sie den linken Fuß um 90 Grad nach links (siehe auch Foto S. 64).*

3g

Fortsetzung
Kehren Sie zum Gehen im Kreis oder in gerader Linie zurück, und behalten Sie diese Armhaltung bei, oder gehen Sie zur nächsten über.

Position 4i des **doppelten Wechsels** der Handflächen

Doppelter Wechsel der Handflächen

Der doppelte Wechsel enthält die ersten sechs Schritte des einfachen Wechsels. Die abschließenden Bewegungen sind mit einer weiteren Drehung um 180 Grad verbunden.

4g *Gehen Sie von Position 4a–4f (S. 76 ff.); verlagern Sie nun Ihr Gewicht auf den linken Fuß, drehen Sie sich rasch nach links, und plazieren Sie dabei den rechten Fuß neben den linken. Strecken Sie den linken Arm nach oben, Handfläche nach rechts, und den rechten Arm quer über den Körper nach unten.*

4g

4h *Drehen Sie sich nach rechts, und heben Sie leicht die rechte Ferse. Kreuzen Sie gleichzeitig die Handgelenke, das linke über dem rechten.*

4h

4i

4i *Machen Sie einen großen Schritt nach rechts, gehen Sie in die Knie, und stoßen Sie mit den Händen seitwärts nach außen, Handflächen nach unten.*

4j

4j *Stellen Sie den linken Fuß im rechten Winkel zum rechten, Zehen nach innen. Kreuzen Sie die Arme vor dem Körper, linker Arm unter dem rechten, Handflächen nach oben.*

4k *Drehen Sie den linken Fuß nach außen und den Körper nach links. Stoßen Sie mit den Handflächen nach links, linker Arm in Kopfhöhe ausgestreckt, rechter Arm über der Körpermitte, wie fixierte Haltung 8.*

Fortsetzung
Nehmen Sie eine der fixierten Haltungen ein, und gehen Sie weiter im Kreis oder in gerader Linie.

4k

太極拳

4 T'ai Chi Chuan

Die Kunst des Gewahrseins

Könner der sanften Künste halten T'ai Chi Chuan für die höchste von allen. »T'ai« bedeutet »höchste«, »Chi« (das in diesem Zusammenhang eine etwas andere Bedeutung hat als das Wort für Energie) bedeutet »Polarität«, wie in den Extremen von Norden und Süden. Im T'ai Chi Chuan bezieht sich diese Polarität auf die Extreme von Yin und Yang, Licht und Schatten. »Chuan« bedeutet wörtlich Faust, doch die konventionelle Übersetzung ist Boxen oder »Der Faust-Weg«. T'ai Chi Chuan ist also zu übersetzen als »Das höchste Pol-Boxen«. Diese vollendete Kultivierung der sanften Künste ist ein subtiles, differenziertes und wirkungsvolles Selbstverteidigungssystem, wenngleich die Praxis weit über den kämpferischen Aspekt dieser Kunst hinausgeht.

In der Geschichtsschreibung taucht T'ai Chi Chuan erst relativ spät auf, obwohl es sich von den ältesten taoistischen Prinzipien herleitet (siehe Seite 17). Man findet alle Bewegungen, die es enthält, in den alten Texten über Chi Gong und andere chinesische Bewegungsformen; doch sind selbst die ältesten Berichte über eine eigenständige T'ai-Chi-Praxis nicht älter als 200 Jahre.

In China und zunehmend auch in der übrigen Welt ist T'ai Chi Chuan berühmt für seine gesundheitsfördernde Wirkung bei Menschen jeden Alters. Regelmäßige Ausübung schützt vor Krankheiten und erweist sich als wirkungsvoll bei der Behandlung allgemeiner Störungen und Schwächezustände. Da alle T'ai-Chi-Übungen langsam ausgeführt werden, besteht nicht die Gefahr einer Sauerstoffunterversorgung. Deshalb ist diese Kunst für viele geeignet, die an chronischen Krankheiten, wie etwa zu hohem Blutdruck, leiden. Chinesische Fachleute nahmen vor kurzem Fitneßtests an einer Gruppe vor, die regelmäßig die T'ai-Chi-Kurzform praktizierte, und verglichen den Stand ihrer Gesundheit und Leistungsfähigkeit mit dem einer vergleichbaren Gruppe Nichtpraktizierender. Sie stellten bei den T'ai-Chi-Ausübenden einen besseren Kreislauf, eine bessere Atmung und einen besseren Stoffwechsel fest. Andere klinische Tests zeigten, daß T'ai Chi auch eine heilende Wirkung bei Schlafstörungen, Angstzuständen oder anderen psychischen Störungen ausübt. Ein einfacher, aber einleuchtender Grund hierfür liegt darin, daß man sich bei der Kurzform ständig auf den zeitlichen Ablauf der Übung konzentrieren muß. Diese Konzentration beruhigt den Geist. Ein tiefes Gefühl für Ruhe und Wohlbefinden ist die natürliche Folge der T'ai-Chi-Praxis.

Letztendlich ist T'ai Chi eine Art von spirituellem Training. Mehr als alle anderen sanften Künste ist es Meditation in Bewegung. Seine Ausübung erfordert vollkommene Konzentration, die wiederum durch diese Übungen gefördert wird. Ebenso erfordert es einen absolut freien Geist, frei von Gedanken und Absichten. Mit der Zeit schafft es einen inneren Rhythmus und ein Gefühl der Unabhängigkeit, die Sie nie wieder verlieren. T'ai Chi Chuan zahlt Ihnen alle Mühe, die Sie dafür aufwenden, mehrfach zurück.

Leitprinzipien

T'ai Chi Chuan beinhaltet viele der Prinzipien, die auch im Chi Gong, Hsing I und Pa Kua zu finden sind. Das wichtigste ist das der Idee des Ausgleichs der Gegensätze, das Verbinden und Beherrschen einander entgegengesetzter Kräfte. Der Begriff T'ai Chi bezieht sich auf die einander entgegengesetzten Pole des Yin-Yang-Symbols (rechts), das in sich vollkommen ausgewogen oder harmonisch ist.

Diese Harmonisierung der Gegensätze findet sich auch im T'ai Chi selbst. Seine zentrale Bedeutung ist die, daß in der Sanftheit auch Festigkeit liegt und in der Nachgiebigkeit Stärke. Manche der Schrittbezeichnungen in der Kurzform bringen diese Gegensätze in poetischer Symbolik zum Ausdruck: Eine für Schritt 7 gelegentlich verwendete Bezeichnung lautet etwa: »Nach dem Schwanz des Sperlings greifen und dabei den Tiger abwehren.«

Das *Tao Te King*, das der Weise Laotse vor mehr als 2000 Jahren verfaßte (siehe auch Seite 13), enthält die dem T'ai Chi zugrundeliegende Philosophie:

Das T'ai-Chi-Symbol
Das Symbol, das man im Westen meist als Yin-Yang-Symbol bezeichnet, wird in China auch T'ai-Chi-Symbol genannt. Der schwarze Bereich repräsentiert das Yin, der weiße das Yang. Jedes der beiden Extreme oder Pole enthält die Keimzelle seines Gegenteils – deshalb der schwarze Punkt im weißen Teil und der weiße Punkt im schwarzen Teil. Der schwarze Bereich greift in den weißen und umgekehrt.

»Das Allerweichste auf Erden überholt das Allerhärteste auf Erden.«
»Auf der ganzen Welt gibt es nichts Weicheres und Schwächeres als das Wasser.
Und doch in der Art, wie es dem Harten zusetzt, kommt nichts ihm gleich.
Es kann durch nichts verändert werden.
Daß Schwaches das Starke besiegt, weiß jedermann auf der Welt, aber niemand vermag danach zu handeln.«

(Laotse: *Tao Te King*, übersetzt von Richard Wilhelm)

Diese Worte des Laotse verwenden die Bilder der fünf Elemente (siehe Seite 151) und die der Begegnung der Gegensätze. Sie vermitteln das Wesen des T'ai Chi in kurzer, poetischer Form.

Gewährenlassen, Verwurzeln, Vertreiben

In der Praxis bedeutet das, daß die Wirksamkeit des T'ai Chi Chuan als Selbstverteidigungssystem darin liegt, einander entgegengesetzte Tendenzen zu verbinden. Wenn ein Anhänger des T'ai Chi angegriffen wird, wird seine erste Reaktion sein, den Angreifer gewähren zu lassen. Im Gewährenlassen bringt der Angegriffene seine eigenen Bewegungen in Einklang mit der

Richtung der gegnerischen Kraft, anstatt sie gegen den Angreifer zu wenden. Das bedeutet aber nicht, daß er sich niederschlagen oder von seinem Platz vertreiben läßt. Durch das T'ai-Chi-Training werden vielmehr Behendigkeit, Balance und Körperbeherrschung gefördert; so kann der Angegriffene einen festen Stand einnehmen und die Kraft des Gegners dazu nutzen, ihn aus dem Gleichgewicht zu bringen und auf diese Weise abzuwehren.

Jeder Angriff ist ein Akt der Aggression, eine explosive Entladung nach außen drängender Energie, die im allgemeinen in einer Hand oder einem Fuß konzentriert ist. In dem Augenblick, in dem sie freigesetzt wird, ist der Angreifer zumindest vorübergehend außer Kontrolle. Das ist der Augenblick, in dem der T'ai-Chi-Adept reagiert.

T'ai Chi Chuan lehrt eine Reihe von Vorgehensweisen, um die Energie des Angreifers abzufangen, etwa durch Stoßen, Blockieren oder Werfen, wobei auch Druck auf empfindliche Körperstellen ausgeübt wird. Das Ziel ist, die Energie des Angreifers mit geringstem eigenem Kraftaufwand abzuschwächen. Es gibt im T'ai Chi auch Tritte und Fauststöße, die aber meist nur dazu dienen, den Angriff abzuwehren, ohne ernsthaft zu verletzen. Diese Techniken sind in die T'ai-Chi-Kurzform eingearbeitet, und einige davon finden sich auch im Abschnitt über **Die fundamentalen Kräfte** und **Händestoßen** am Ende dieses Kapitels.

Das Chi beherrschen

T'ai Chi Chuan basiert auf einer ganzen Reihe von Prinzipien. Es hat wie die anderen sanften Bewegungskünste viel mit Chi (siehe Seite 24), der Lebenskraft, die durch den Körper fließt, zu tun, und sein Ziel ist es, die Ausgeglichenheit von Körper und Geist – durch bestimmte Bewegungen, ein natürliches, tiefes Atmen und einen ruhigen Geisteszustand – zu erlangen.

Die Kurzform mit vierundzwanzig Übungen, die den größeren Teil dieses Kapitels ausmacht, ist eine vereinfachte Version von T'ai Chi. Viele Chinesen praktizieren diese Übungen frühmorgens im Freien unter Bäumen, dann, wenn das Chi der Natur seine größte Kraft hat. Manche Meister sagen, daß die Praxis am Abend besonders gut für das Gehirn sei. Grundsätzlich sollten Sie in der Zeit üben, die Ihrem Gefühl nach für Sie am besten ist. Wenn Sie keine Möglichkeit haben, regelmäßig im Freien zu üben, so ergreifen Sie zumindest hin und wieder die Gelegenheit, an einem sonnigen Tag an irgendeinem Plätzchen in frischer, sauberer Luft die Übungen auszuführen. Sie erweisen damit Körper und Geist eine Wohltat.

Aufwärmen

Man kann eine T'ai-Chi-Übungssequenz mit Aufwärmübungen beginnen. Das ist aber nicht unbedingt nötig; theoretisch sollten Sie jederzeit in der Lage sein, T'ai Chi als Abwehrmethode einzusetzen. Und da die Kurzform, die wichtigste Übung in diesem Kapitel, in sich bereits ein systematisches Programm zur Dehnung des Körpers darstellt, das sanft beginnt und erst nach und nach größere Anforderungen stellt, kann man sie auch ohne Vorbereitung praktizieren.

Meist wird jedoch mit einigen sanften Dehnübungen begonnen (deshalb auch die Kombination von Ba Duan Jin und Chi Gong in Kapitel 1), und so hat auch T'ai Chi seine speziellen Aufwärmübungen. Sie lockern die für T'ai Chi wichtigsten Muskelpartien und kräftigen sie; gleichzeitig werden die inneren Organe massiert, und ganz allgemein dienen sie der Gesundheitspflege. Manche der Übungen können auch spezifisch therapeutisch angewendet werden.

1 *Gehen Sie mit geschlossenen Füßen leicht in die Knie, legen Sie die Hände auf die Knie, und lassen Sie sie kreisen, fünfmal nach links, fünfmal nach rechts. Dadurch werden alle Sehnen gelockert, die im Knie zusammenlaufen; es hilft auch gegen Arthritis im Knie.*

1

2

2 *Stehen Sie gerade, die Beine gestreckt, die Beine schulterbreit gegrätscht. Schwingen Sie die Arme gleichmäßig im Kreis nach vorn und zur Seite. Wiederholen Sie das fünfmal. Dadurch werden die Sehnen in den Schultern und die Schulterblätter entspannt, die Muskulatur der Oberarme, des Nackens und des oberen Rückens wird gelockert und der Kreislauf angeregt.*

3

3 *Halten Sie die Hände in Schulterhöhe, Handflächen nach unten. Gehen Sie dann so tief wie möglich in die Hocke, und lassen Sie die Arme ausgestreckt. Wiederholen Sie dies fünfmal. Dadurch werden die Muskeln und Gelenke der Hüften, der Knie und der Knöchel gedehnt und die Muskulatur des unteren Rückens wie auch die Armmuskeln gekräftigt.*

4 *Stehen Sie wie in Übung 2, die Hände mit den Handrücken in den Hüften, und drehen Sie Körper und Kopf nach links, den Blick geradeaus gerichtet. Drehen Sie sich dann ebenso nach rechts. Wiederholen Sie dies fünfmal. Das lockert die Wirbelsäule und den Brustkorb.*

4

5

5 *Heben Sie mit der rechten Hand das rechte Bein, ziehen Sie das Knie zu sich heran und mit der linken Hand den rechten Fuß hoch. Wiederholen Sie dies links, insgesamt fünfmal auf jeder Seite. Dies dehnt andere als die in Übung 1 beanspruchten Beinsehnen und kräftigt die Muskeln der Ober- und Unterarme.*

T'ai-Chi-Gehen

Dies ist die Grundmethode für alle Fußbewegungen im T'ai Chi. Sie ist dazu geeignet, dem Anfänger ein Gefühl für die richtige Haltung und den Bewegungsrhythmus zu vermitteln, die für die Übung der Kurzform auf den Seiten 91 bis 139 nötig sind. Sie können das T'ai-Chi-Gehen als selbständige Übung praktizieren, indem Sie im gleichbleibenden Rhythmus durch den Raum oder über den Platz gehen. Dadurch entwickelt sich ein Gefühl für Balance, für ein gewisses Verwurzeltsein mit der Erde und für Sicherheit. Alle Bewegungen sollten langsam und gleichmäßig sein, ohne Pausen zwischen den Schritten. Wenn Sie diesen Gang beherrschen, werden Ihnen alle Übungen, die Bewegungen der unteren Körperhälfte beinhalten, leichtfallen. Wenn Sie steife Beine haben, beginnen Sie mit den Aufwärmübungen. Richten Sie den Blick gesammelt und wach nach vorn und etwas nach unten gerichtet. Der Oberkörper ist gerade, die Bewegungen sind gleitend, Schultern und Kopf bleiben ganz ruhig.

Haltung einnehmen (links)
Stehen Sie mit geschlossenen Beinen, die Zehen leicht nach außen. Atmen Sie vom Tan Tien in den Beckenboden. Ihr Gewicht sollte gleichmäßig verteilt sein, die Füße guten Kontakt zum Boden haben. Legen Sie die Hände leicht auf die Hüften, Handflächen nach innen; gehen Sie ein wenig in die Knie. Atmen Sie langsam und natürlich.

1a

T'ai-Chi-Gehen
1a *Gehen Sie nun mit dem linken Bein nach vorn und ein wenig nach außen, ähnlich wie beim Eislaufen, aber im Zeitlupentempo. Setzen Sie die linke Ferse am Boden auf, ohne das Gleichgewicht zu verlieren; Ihr Gewicht bleibt auf dem rechten Bein.*

1b *Stellen Sie den linken Fuß voll auf, und verlagern Sie Ihr Gewicht auf das linke Bein, wobei das linke Knie leicht gebeugt bleibt (das Knie ist in einer Linie mit den Zehen).*

1c *Heben Sie langsam den rechten Fuß, und beugen Sie das Knie, während Sie den rechten Fuß zum linken heranziehen, Ferse erhoben.*

1d *Bewegen Sie den rechten Fuß nach vorn und stellen Sie ihn mit der Ferse auf.*

Fortsetzung
Verlagern Sie Ihr Gewicht auf das rechte Bein, und wiederholen Sie die Schritte 1–4. Achten Sie darauf, sich gleichmäßig und fließend zu bewegen.

Drehen
Wenn Sie soweit wie möglich in einer Richtung gegangen sind, drehen Sie beim Vorwärtsschritt den Fuß in einem Winkel von 45 Grad nach innen. Drehen Sie sich auf der Ferse, wobei Ihr Gewicht auf dem hinteren Bein bleibt. Verlagern Sie dann Ihr Gewicht auf das Spielbein, und lassen Sie gleichzeitig die Hüfte dem führenden Fuß folgen. Schwingen Sie den rückwärtigen Fuß um 180 Grad herum, und drehen Sie den Körper so weit, bis Sie in die Richtung schauen, aus der Sie kamen. Setzen Sie das Gehen fort.

1b

1c

1d

Kurzform

Dies ist die bekannteste T'ai-Chi-Übung, ein ununterbrochener Bewegungsfluß, der zum Einüben in 24 Schritte unterteilt ist. Sie ist von den längeren Formen abgeleitet und dauert insgesamt etwa fünf Minuten. Obwohl jeder Schritt einen Namen hat, wird die gesamte Folge von einem Meister ohne Pause und ohne Veränderung des Tempos ausgeführt. Es ist eine fließende Bewegung von einem Schritt zum nächsten, vom Anfang bis zum Ende. Das offizielle chinesische Lehrbuch gibt eine perfekte Beschreibung dieser nahtlos ineinander übergehenden Bewegungen:

»Jeder Schritt ist so ruhig wie der Gang einer Katze, und die Kraft tritt mit so milder Anstrengung hervor, daß es aussieht, als wickle man rohe Seide vom Kokon einer Seidenraupe. Die Bewegungen sind wie am Himmel dahinziehende Wolken, flink und leicht, aber wohlausgewogen und gleichmäßig. Sie sind harmonisch und fließend, die Muskeln weder steif noch verspannt. Der Atem sollte tief und gleichmäßig sein ... der Geist ist still, aber wach, das Bewußtsein beherrscht den Körper. In der Praxis des T'ai Chi ist es grundlegend wichtig, daß die Bewegungen vom Bewußtsein gelenkt werden und daß Ruhe in der Bewegung ist – eine Einheit von Ruhe und Bewegung.«

Während der gesamten Übung sollte der Körper entspannt, aber wach sein. Der Blick ist gesammelt, nicht verträumt; die Hände sind entspannt, die Finger natürlich gerundet (falls keine anderen Anweisungen erfolgen). Alle Bewegungen sollten gleitend sein und aus dem Tan Tien (Seite 24), Ihrem Schwerkraftzentrum, kommen. Der Atem ist tief und gleichmäßig; die Zunge bleibt ständig in Berührung mit dem Gaumen.

Für die 24-Schritt-Form brauchen Sie einen Übungsbereich von etwa fünf Quadratmetern. Im allgemeinen lernen die Schüler nur einen oder zwei Schritte gleichzeitig, so daß jeder Schritt im Geist verankert ist, bevor man zum nächsten übergeht. Die chinesische Tradition lehrt, die Bewegungen zu den »vier Ecken« der Erde zu lenken: nach Norden, Süden, Osten und Westen. Mit der Zeit werden Sie in der Lage sein, die Schritte ohne Unterbrechung aneinanderzureihen. Die Übung dauert gewöhnlich fünf Minuten, doch hin und wieder sollte man die Gangart variieren: einmal schneller und kraftvoller, dann wieder langsamer.

Schritt 1:
Himmel und Erde
Dieser klassische Eröffnungsschritt symbolisiert, wie der Mensch von der Erde kommt und zum Himmel strebt. Sie können diesen Schritt auch als eigenständige taoistische Atemübung praktizieren, indem Sie die Bewegung langsam und kontinuierlich ausführen und dabei tief und langsam atmen – der Einatem verbindet sich mit dem Heben, der Ausatem mit dem Senken der Arme.

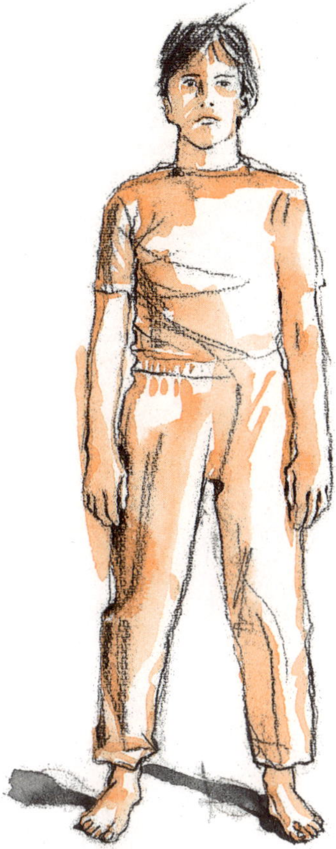

1a

1a *Stehen Sie aufrecht mit entspannter Brust, die Arme an den Seiten, die Beine etwas weniger als schulterbreit gegrätscht. Die Zungenspitze berührt den Gaumen und bleibt so während der gesamten Übung. Atmen Sie gleichmäßig durch die Nase und vom Tan Tien aus (S. 24). Schauen Sie nach vorn und leicht nach unten. Bleiben Sie ein paar Augenblicke so stehen, bevor Sie mit der Bewegung beginnen.*

1b

1b *Heben Sie beim Einatmen in einer sanften, fließenden Bewegung die ausgestreckten Arme bis in Schulterhöhe, Handflächen nach unten. Stellen Sie sich vor, Sie schwebten durch die Luft.*

1c

1c *Gehen Sie beim Ausatmen sanft in die Knie, und lassen Sie die Hände auf Hüfthöhe sinken. Diese Bewegung öffnet Ihre Energiekanäle und läßt Sie das Chi als leichtes Kribbeln in den Fingerspitzen wahrnehmen.*

Schritt 2:
Des Wildpferds Mähne nach beiden Seiten teilen
Hier wird die Idee des Ausgleichs der Gegensätze gerafft umgesetzt: Eine präzise und ruhige Bewegung findet im Augenblick größter Unruhe statt: im Umgang mit einem Wildpferd. Versuchen Sie den Titel für diese Übung nachzuempfinden. Sie kann wiederholt trainiert werden, indem man von 2k wieder zu 2a übergeht. Schauen Sie nach vorn oder auf die jeweils höhere Hand.

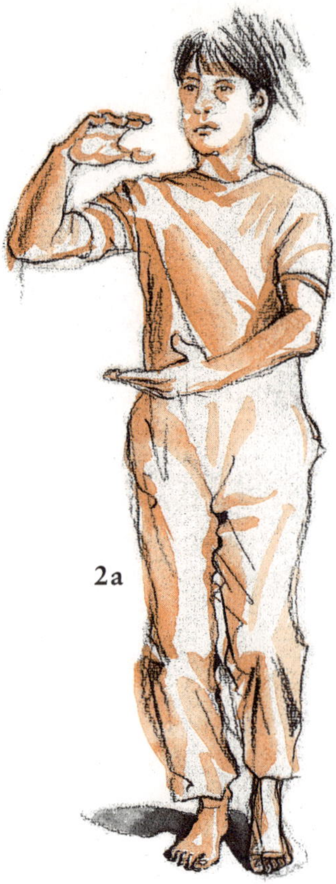

2a

2a *Verlagern Sie von 1c aus Ihr Gewicht auf den rechten Fuß. Führen Sie den linken Fuß zum rechten und stützen Sie ihn nur mit den Zehenballen auf. Halten Sie die rechte Hand in Brusthöhe, Handfläche nach unten, und kreisen Sie mit der linken Hand, bis die Handfläche in einer vertikalen Linie mit der rechten nach oben zeigt. Stellen Sie sich vor, daß Sie einen Wasserball halten. Das ist die Geste »Ball halten«, die in der Kurzform mehrfach wiederkehrt. Lassen Sie den Blick auf der rechten Hand ruhen.*

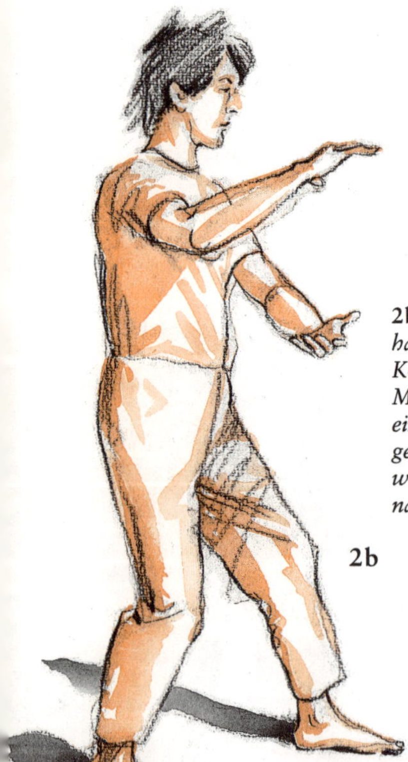

2b

2b *Behalten Sie die Geste »Ball halten« bei, während Sie den Körper nach rechts drehen. Machen Sie mit dem linken Fuß einen Schritt zur Seite, und beugen Sie das rechte Knie ein wenig mehr (erste Fußbewegung nach links).*

2c

2c *Verlagern Sie Ihr Gewicht auf das linke Bein, halten Sie die linke Hand in Schulterhöhe, Handfläche nach oben, und senken Sie die rechte bis zur Taille, Handfläche nach unten. Schauen Sie auf die linke Hand.*

2d *Verlagern Sie langsam Ihr Gewicht nach hinten auf das rechte Bein. Heben Sie die Zehen des linken Fußes an, und drehen Sie ihn nach außen (nicht mehr als 45 Grad von der Mitte). Drehen Sie beide Handflächen nach innen, und formen Sie nun umgekehrt die Geste »Ball halten«.*

2e *Drehen Sie den Körper weiter nach links, während Sie sich vorneigen und Ihr Gewicht auf das linke Bein verlagern. Ihre Arme schwenken in der »Ball«-Haltung mit dem Oberkörper nach links. Führen Sie dann den rechten Fuß neben den linken, und stützen Sie die Zehen leicht auf. Schauen Sie auf die linke Hand.*

2d

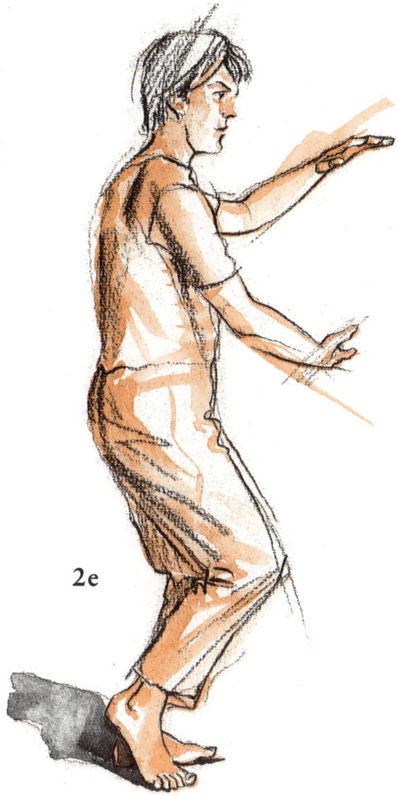

2e

2f

2g

2f *Gehen Sie einen Schritt vor und ein wenig nach rechts, und stellen Sie die rechte Ferse auf (erste Fußbewegung nach rechts). Drehen Sie den Körper nach rechts, während die Hände in der »Ball«-Haltung, linke Hand oben, verbleiben.*

2g *Verlagern Sie Ihr Gewicht nach vorn auf das rechte Bein. Senken Sie den linken Arm, und heben Sie den rechten, Handfläche nach oben. Schauen Sie auf die rechte Hand.*

2h *Verlagern Sie Ihr Gewicht zurück auf das linke Bein, und drehen Sie den rechten Fuß auf der Ferse nach außen. Drehen Sie die Handflächen nach innen zur »Ball«-Haltung.*

2i *Neigen Sie sich auf den rechten Fuß vor, und drehen Sie sich leicht nach rechts. Ziehen Sie den linken Fuß zum rechten heran, und stützen Sie die Zehen auf.*

2h

2i

2j

2k

2j *Gehen Sie einen Schritt nach links, und treten Sie nur mit der Ferse auf (siehe auch Foto gegenüber).*

2k *Verlagern Sie Ihr Gewicht auf das linke Bein, und drehen Sie die Ballen des rechten Fußes nach außen. Senken Sie die rechte Hand, Handfläche nach unten (2j und 2k wiederholen 2b und 2c).*

Position j (und b) von Schritt 2, Des Wildpferds Mähne nach beiden Seiten teilen

Schritt 3:
Der weiße Kranich breitet die Schwingen aus

Der weiße Kranich ist in der chinesischen Kultur ein Symbol der Langlebigkeit; er wird oft zusammen mit Pinien und Pilzen dargestellt, die ebenso für langes Leben stehen. Diese Bewegung bringt Ihren Atem dazu, sich vom Tan Tien (S. 24) her auszudehnen. Schauen Sie bei diesem Schritt geradeaus.

3a

3a *Verlagern Sie Ihr Gewicht auf das rechte Bein, und führen Sie den linken Fuß zum rechten heran. Ihre Arme formen die Geste »Ball halten« (2a, S. 92), linke Hand oben.*

3b

3b *Gleiten Sie mit dem linken Fuß vor, und berühren Sie mit den Ballen den Boden (dies ist der »leere Schritt«, da kein Gewicht darauf liegt). Senken Sie die linke Hand, Handfläche nach unten, und heben Sie die rechte Hand bis Kopfhöhe, Handfläche zum Gesicht. Schauen Sie geradeaus.*

Schritt 4:
Das Knie streifen, und die Hüften nach beiden Seiten drehen
Die Bewegungen des Ellbogens mit dem Knie, der Schulter mit der Hüfte und des Handgelenks mit dem Knöchel gehen jeweils fließend ineinander über. Die Bewegungen der Taille massieren die inneren Organe, stärken sie und kräftigen die sie umgebende Muskulatur und die Bänder.

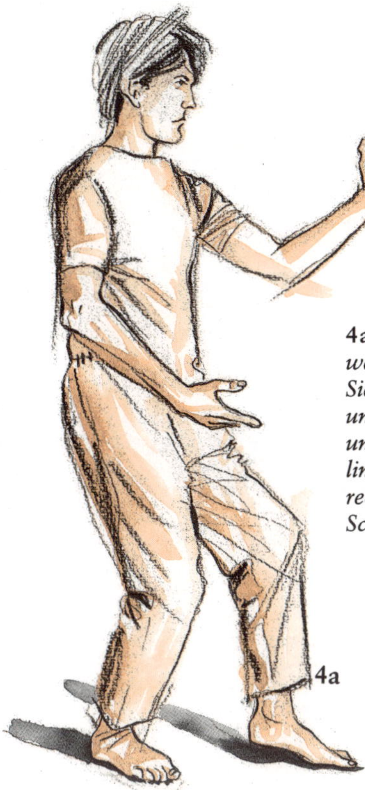

4a *Drehen Sie den Körper ein wenig mehr nach links. Kreisen Sie mit der rechten Hand nach unten, Handfläche nach oben, und heben Sie gleichzeitig die linke Hand, Handfläche nach rechts, bis in Schulterhöhe. Schauen Sie auf die linke Hand.*

4a

4b (4i) *Kreisen Sie weiter mit den Armen, bis der rechte Arm, halb gestreckt, Gesichtshöhe erreicht hat, Handfläche nach links; senken Sie währenddessen die linke Hand zur linken Hüfte, Handfläche nach unten. Gehen Sie mit dem linken Bein weiter vor, und treten Sie mit der Ferse zuerst auf.*

4b

4c (**4j**) *Verlagern Sie Ihr Gewicht nach vorn auf das linke Bein. Drehen Sie den Körper ein wenig weiter nach links, während Sie die Arme nach vorn bewegen. Wenden Sie die rechte Handfläche nach vorn, und lassen Sie den linken Arm unten, Handfläche nach unten. Schauen Sie auf Ihre rechte Hand.*

4c

4d

4d *Verlagern Sie Ihr Gewicht auf das rechte Bein. Drehen Sie die linke Hand um, und kreisen Sie damit nach oben. Führen Sie gleichzeitig den rechten Arm über die Brust, und drehen Sie die Handfläche nach unten.*

4e *Während die Arme in derselben Haltung bleiben, verlagern Sie Ihr Gewicht nach vorn auf das linke Bein und ziehen den rechten Fuß zum linken heran.*

4e

4f

4f *Kreisen Sie mit den Armen, bis die linke Hand Gesichtshöhe erreicht hat, Handfläche nach rechts, und senken Sie die rechte Hand bis zur rechten Hüfte, Handfläche nach unten. Machen Sie mit dem rechten Bein einen Schritt vor, und treten Sie mit der Ferse zuerst auf.*

4g

4g *Verlagern Sie Ihr Gewicht nach vorn, und drehen Sie den Körper in aufgerichteter Haltung ein wenig nach rechts. Kehren Sie die linke Handfläche nach vorn. Die rechte Hand bleibt unten, Handfläche nach unten.*

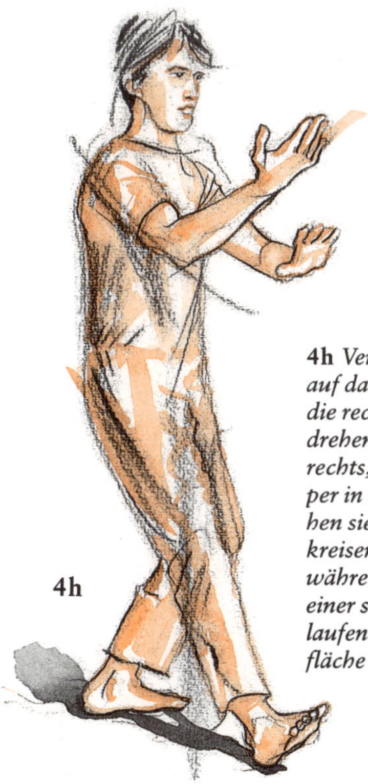

4h

4h *Verlagern Sie Ihr Gewicht auf das linke Bein. Lassen Sie die rechte Ferse auf dem Boden, drehen Sie den rechten Fuß nach rechts, und wenden Sie den Körper in dieselbe Richtung. Drehen sie die rechte Hand um, und kreisen Sie damit nach oben, während Sie die linke Hand in einer schräg über die Brust verlaufenden Linie senken, Handfläche nach unten.*

Fortsetzung
4i und j *Wiederholen Sie 4b und c.*

Schritt 5:
Die Hand zupft die Laute
Charakteristisch für diesen Schritt ist die ausgeprägte Haltung der Hände, die vor dem Körper gehalten werden. Sie entspricht der klassischen Handhaltung der Musiker in der chinesischen Oper und wird oft auch »Die Pipa spielen« genannt (Pipa ist die chinesische Gitarre).

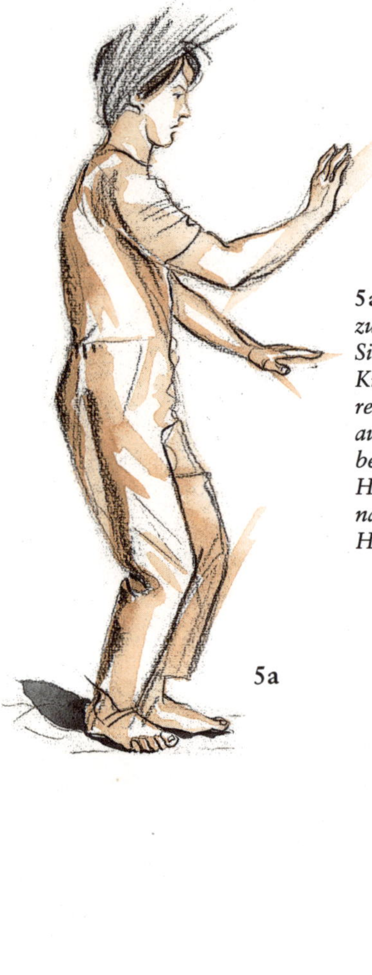

5a *Ziehen Sie den rechten Fuß zum linken heran, und verlagern Sie Ihr Gewicht darauf. Ihre Knie bleiben leicht gebeugt, der rechte Fuß ist ein wenig nach außen gedreht. Ihre Arme bleiben in Haltung 4c, die linke Hand in Hüfthöhe, Handfläche nach unten, die rechte erhoben, Handfläche nach vorn.*

5a

5b *Gleiten Sie mit dem linken Fuß nach vorn, aber lassen Sie den größten Teil Ihres Gewichts auf dem rückwärtigen Bein. Heben Sie den linken Arm hoch, Handfläche nach rechts, und heben Sie die rechte Hand bis zur Mitte des Körpers, Handfläche nach links. Schauen Sie auf die linke Hand.*

5b

Schritt 6:
Stoße den Affen zurück
Der Affe, ein intelligentes, für seine Gewandtheit berühmtes Tier, genießt in China hohes Ansehen (er ist auch eines der zwölf Tiere im Hsing I, S. 60). Bei dieser Übung sollten Kopf und Hals in einer Linie mit dem Oberkörper bleiben.

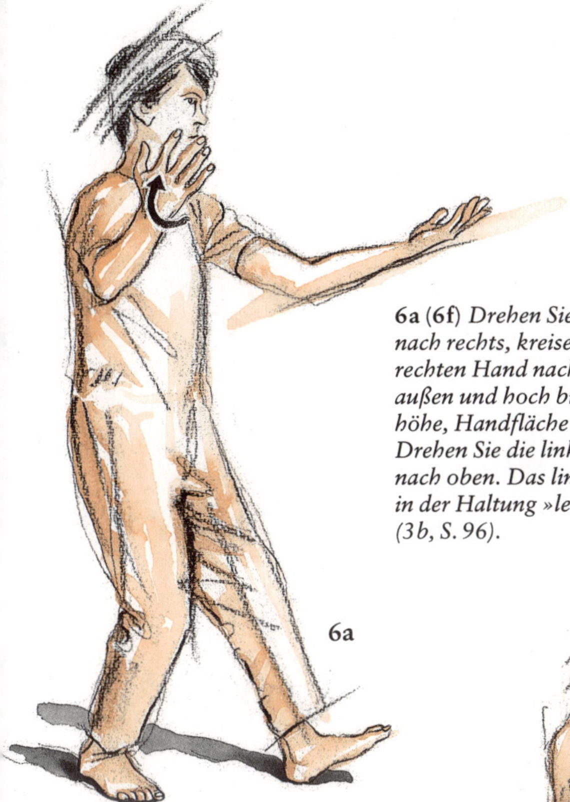

6a

6a (**6f**) *Drehen Sie sich leicht nach rechts, kreisen Sie mit der rechten Hand nach unten, außen und hoch bis Schulterhöhe, Handfläche nach links. Drehen Sie die linke Handfläche nach oben. Das linke Bein bleibt in der Haltung »leerer Schritt« (3b, S. 96).*

6b

6b (**6g**) *Machen Sie mit dem linken Bein einen Schritt zurück, und treten Sie zuerst mit den Ballen auf; verlagern Sie dann Ihr Gewicht darauf. Ziehen Sie den linken Arm mit angewinkeltem Ellbogen bis zur Taille zurück, Handfläche nach oben, und stoßen Sie gleichzeitig mit der rechten Hand in Schulterhöhe vor, Handfläche nach vorn.*

6c

6c (**6h**) *Heben Sie den Ballen des rechten Fußes im »leeren Schritt« (3b, S. 96). Kreisen Sie mit dem linken Arm nach unten, dann hoch bis in Schulterhöhe, Handfläche nach oben. Drehen Sie auch die rechte Handfläche nach oben.*

6d

6d (**6i**) *Ziehen Sie den rechten Fuß zum linken zurück, während Ihr Gewicht auf dem linken Bein bleibt. Senken Sie dabei den rechten Arm, und ziehen Sie ihn mit angewinkeltem Ellbogen zur Taille zurück.*

6e

6e (**6j**) *Ziehen Sie das rechte Bein noch weiter zurück, und verlagern Sie dann Ihr Gewicht darauf. Ihr linker Arm kreist nach oben und unten und stößt dann nach außen, Handfläche nach vorn.*

Fortsetzung
6f, g, h, i, j. *Wiederholen Sie 6a–e.*

Vorwärtsbewegung aus Position f, Schritt 7, Fasse den Vogel beim Schwanz, linke Seite

Schritt 7:
Fasse den Vogel beim Schwanz, linke Seite
»Nach dem Schwanz des Sperlings fassen und dabei den Tiger abwehren« ist ein anderer Titel für diesen Schritt; er bezieht sich auf die Rolle der Gegensätze (S. 84) und auf das Gleichgewicht von Yin und Yang innerhalb der Bewegung. Es ist eine der ältesten Formen im T'ai Chi und besteht aus vier Grundbewegungen: Abwehren, Zurückrollen, Drücken und Stoßen, denen wir in **Die fundamentalen Kräfte** und in der Partnerübung (Händestoßen) wieder begegnen werden (S. 140–146). Schauen Sie nach jeder der Bewegungen auf die obere Hand.

7a

7a *Ziehen Sie den linken Fuß zum rechten zurück, und stützen Sie sich nur auf den Zehenballen ab. Führen Sie die linke Hand quer über den Körper nach unten bis in Taillenhöhe, Handfläche nach oben, während der rechte Arm nach außen und oben kreist, Handfläche nach unten (Position »Ball halten«).*

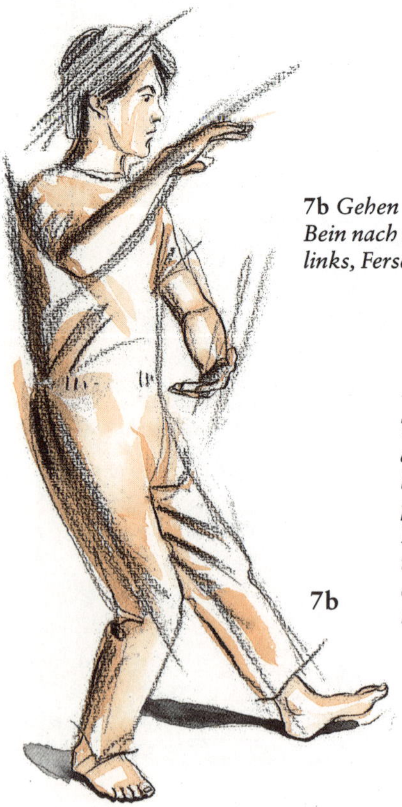

7b *Gehen Sie mit dem linken Bein nach vorn und etwas nach links, Ferse am Boden.*

7b

7c *Verlagern Sie Ihr Gewicht auf das linke Bein, heben Sie den linken Unterarm vor sich bis fast in Schulterhöhe hoch, Handfläche zur rechten Schulter, und senken Sie gleichzeitig den rechten Arm bis Taillenhöhe, Handfläche nach unten.*

7c

7d

7d *Drehen Sie den Oberkörper ein wenig nach links, und strekken Sie den linken Arm vor sich aus, Handfläche nach rechts. Heben Sie die rechte Hand bis unter den linken Vorderarm, Handfläche nach links.*

7e

7e *Verlagern Sie Ihr Gewicht auf den rechten Fuß zurück, und drehen Sie den Oberkörper nach rechts. Senken Sie die rechte Hand bis zur Taille, Handfläche nach oben, während Sie den linken Arm zur Körpermitte führen, Handfläche nach rechts.*

7f

7f *Verlagern Sie Ihr Gewicht nach vorn auf das linke Bein. Führen Sie den linken Arm noch etwas weiter quer zum Körper, kreisen Sie mit der rechten Hand aufwärts, und legen Sie sie von innen über das linke Handgelenk.*

7g

7g *Verlagern Sie Ihr Gewicht auf das linke Bein, und strecken Sie beide Hände nach vorn; dabei gleitet die rechte Hand über die linke, bis beide um Schulterbreite voneinander entfernt nach vorn zeigen, Handflächen nach unten.*

7h

7h *Verlagern Sie Ihr Gewicht zurück auf das rechte Bein, und heben Sie die Zehenballen des linken Fußes. Senken Sie die Hände bis zur Taillenhöhe, und halten Sie die Handflächen aufgerichtet nach vorn.*

7i *Verlagern Sie das Gewicht wieder nach vorn auf das linke Bein. Strecken Sie die Arme nach vorn aus, Handflächen nach vorn.*

7i

Schritt 8:
Fasse den Vogel beim Schwanz, rechte Seite

Die Bewegungen von Schritt 8 wiederholen 7a–i auf der rechten Körperseite. Es heißt, daß diese Schritte gut für Menschen sind, die an Magen- und Darmstörungen oder an Diabetes leiden. Bei diesem Schritt sollten Sie ebenfalls gerade aufgerichtet sein (die Nase in einer Linie mit dem Nabel); schauen Sie nach vorn und auf die linke Hand.

8 Übergang
Verlagern Sie Ihr Gewicht zurück auf den rechten Fuß, und drehen Sie die Zehen des linken Fußes nach innen. Heben Sie beide Hände bis in Schulterhöhe, Handflächen nach vorn, und führen Sie die rechte Hand vor den Körper (das bringt Sie wieder zum Beginn von Schritt 7, nur daß Schritt 8 auf der anderen Körperseite ausgeführt wird).

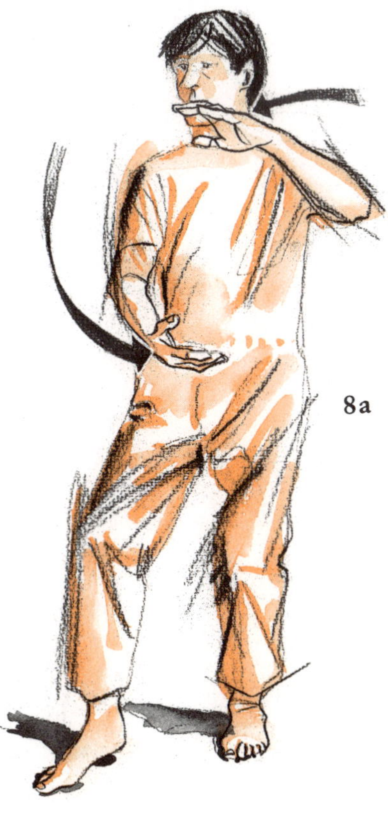

8a

8a *Verlagern Sie Ihr Gewicht auf das linke Bein, und heben Sie dabei die rechte Ferse leicht an. Kreisen Sie mit dem rechten Arm weiter nach unten bis in Taillenhöhe, Handfläche nach oben. Heben Sie gleichzeitig den linken Arm in die Position »Ball halten«.*

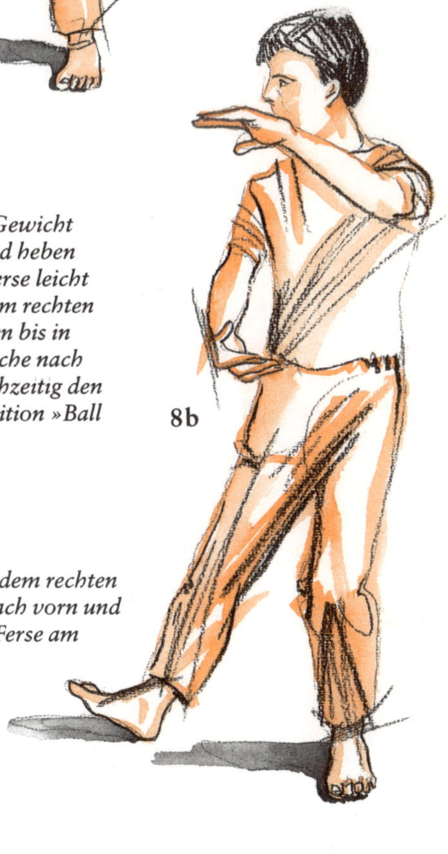

8b

8b *Machen Sie mit dem rechten Fuß einen Schritt nach vorn und etwas nach rechts, Ferse am Boden.*

8c *Verlagern Sie Ihr Gewicht auf den rechten Fuß. Kreuzen Sie die Arme, bis die rechte Hand Schulterhöhe erreicht hat, Handfläche nach innen, während sich die linke Hand bis Hüfthöhe senkt, Handfläche nach unten.*

8d *Drehen Sie den Körper noch etwas weiter nach rechts, und strecken Sie den rechten Arm nach vorn, Handfläche nach links. Heben Sie die linke Hand bis unter den rechten Unterarm, Handfläche nach rechts.*

8c

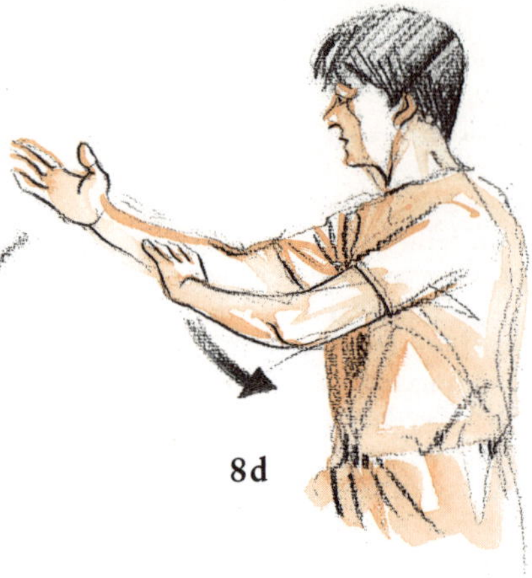

8d

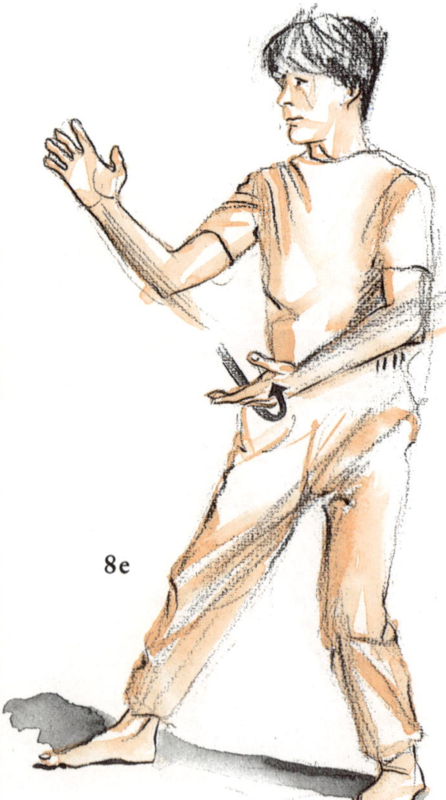

8e

8e *Verlagern Sie Ihr Gewicht zurück auf das linke Bein, und drehen Sie den Körper nach links. Senken Sie die linke Hand bis in Hüfthöhe, Handfläche nach oben, und führen Sie die rechte Hand über die Körpermitte, Handfläche nach links.*

8f *Der rechte Arm bewegt sich weiter quer zum Körper, während Sie mit dem linken nach oben und über die rechte Hand kreisen. Legen Sie die Finger der linken Hand locker auf das rechte Handgelenk. Ihr Gewicht bleibt auf dem linken Bein.*

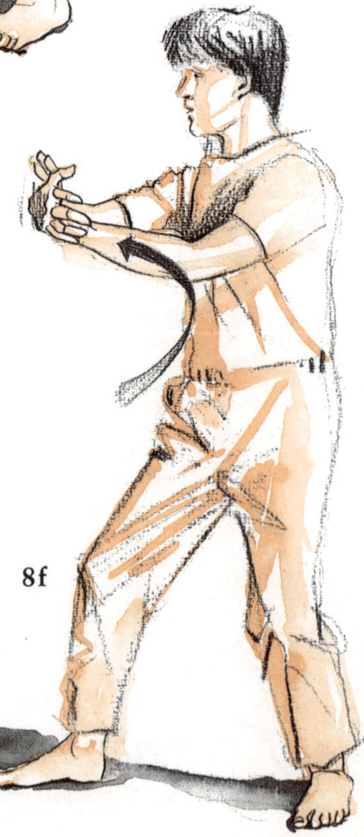

8f

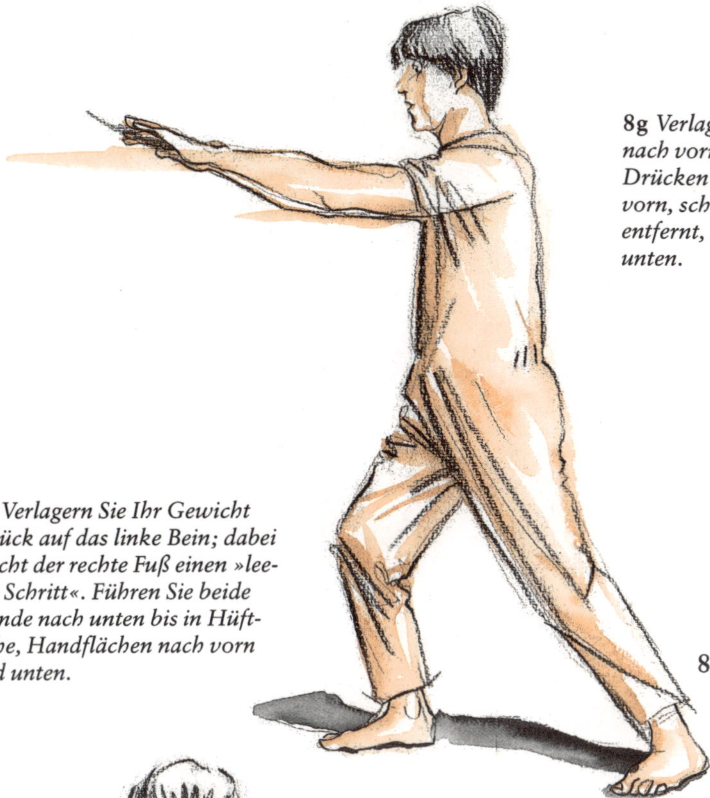

8g *Verlagern Sie Ihr Gewicht nach vorn auf das rechte Bein. Drücken Sie beide Hände nach vorn, schulterbreit voneinander entfernt, Handflächen nach unten.*

8h *Verlagern Sie Ihr Gewicht zurück auf das linke Bein; dabei macht der rechte Fuß einen »leeren Schritt«. Führen Sie beide Hände nach unten bis in Hüfthöhe, Handflächen nach vorn und unten.*

8g

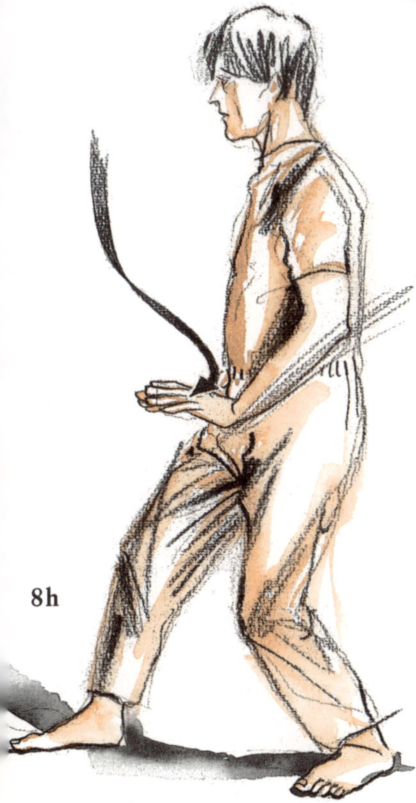

8i *Verlagern Sie Ihr Gewicht nach vorn auf das rechte Bein und richten Sie die Arme in Brusthöhe nach vorn, Ellbogen gebeugt, Handflächen nach vorn.*

8i

8h

Schritt 9: Peitsche 1
Bei diesem Schritt fließt das Chi (S. 24) in die Fingerspitzen, so wie beim Peitschenschnellen in der Peitschenspitze die größte Energie liegt.

9a *Verlagern Sie Ihr Gewicht wieder zurück auf den linken Fuß, und drehen Sie den rechten Fuß durch Anheben der Zehenballen nach innen. Ihr Körper dreht sich dabei leicht nach links. Kreisen Sie mit dem linken Arm nach oben, Handfläche nach unten, und mit dem rechten Arm nach unten, Handfläche nach oben (Position »Ball halten«).*

9a

9b (**11a**) *Verlagern Sie Ihr Gewicht auf das rechte Bein, und gehen Sie mit dem linken Fuß einen »leeren Schritt« vorwärts, die Zehen in leichter Berührung mit dem Boden (in 9b haben Sie damit Ihre Drehung vollendet). Führen Sie gleichzeitig die rechte Hand quer über den Körper bis in Gesichtshöhe. Schauen Sie auf die rechte Handfläche.*

9b

Handhaltung für 9c–e

9c

9c (11b) *Strecken Sie den rechten Arm zur Seite aus, und zeigen Sie mit der rechten Hand nach unten. Der Daumen und die ersten drei Finger berühren einander leicht (siehe Handhaltung). Drehen Sie die linke Handfläche zum Gesicht. Beinhaltung wie 9b.*

9d (11c) *Stützen Sie das linke Bein mit der Ferse auf, und verlagern Sie darauf Ihr Gewicht. Schauen Sie auf die linke Hand.*

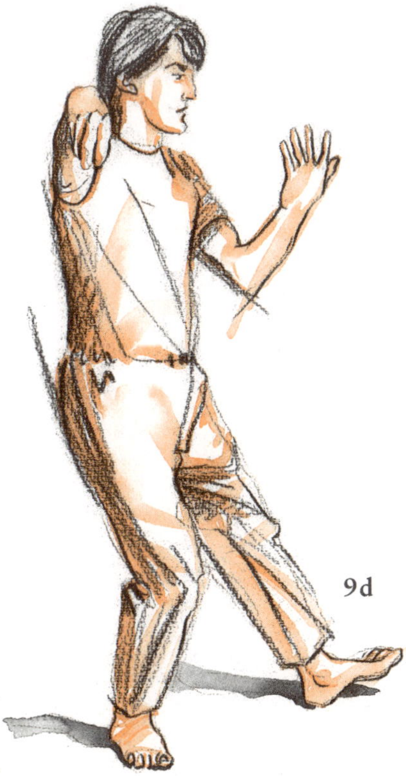

9d

9e (11d) *Strecken Sie das rechte Bein, während Sie Ihr Gewicht ganz auf das linke verlagern. Drehen Sie gleichzeitig die linke Handfläche nach außen. Die rechte Hand bleibt in der Peitschen-Haltung. (Das Foto auf S. 82 zeigt die Bewegung von 9d zu 9e).*

9e

Schritt 10:
Wolkenhände
Die wiederholten wogenden Bewegungen der Hände drücken das Zusammenspiel der Gegensätze aus: Die Wolken (die Materie) bringen Donner und Blitz (das Immaterielle) hervor. Diese Übung verhilft zu einer gesünderen Körperhaltung und massiert die inneren Organe. Sie wird auch bei Problemen mit Atmung und Kreislauf empfohlen. Lassen Sie den Blick kurz den Händen folgen, wenn Sie sie am Gesicht vorbeiführen.

10a *Verlagern Sie das Gewicht auf das rechte Bein, und drehen Sie dann den linken Fuß nach innen, so daß Ihr Körper sich nach rechts dreht. Öffnen Sie die rechte Hand, Handfläche nach außen, und kreisen Sie mit dem linken Arm nach unten und über den Körper, so daß die Handfläche nach oben zeigt.*

10a

10b

10c

10b *Führen Sie beide Arme in der Position »Ball halten« nach links, und drehen Sie den Oberkörper mit. Dabei verlagert sich Ihr Gewicht auf das linke Bein.*

10c *Ziehen Sie den rechten Fuß zum linken heran (etwa 10 cm Abstand), und lassen Sie die Knie gebeugt.*

Position e von Schritt 13, Tritt mit der rechten Ferse

10d *Kreisen Sie mit den Armen zurück in die Position »Ball halten«, rechte Hand oben.*

10d

10e *Drehen Sie den Oberkörper nach rechts, kreisen Sie mit der linken Hand bis Schulterhöhe, und strecken Sie den rechten Arm zur Seite aus, Handfläche nach unten. Dies bringt Ihr Gewicht auf den rechten Fuß. Lassen Sie Ihren Blick sanft den kreisenden Händen folgen.*

10e

10f *Strecken Sie den linken Fuß nach links, bis die Füße etwa schulterbreit voneinander entfernt sind.*

10f

10g *Kreisen Sie mit den Armen quer zum Körper, wobei Sie den linken Arm heben und den rechten zur Position »Ball halten« senken. Ihr Gewicht ist nun auf beide Beine verteilt.*

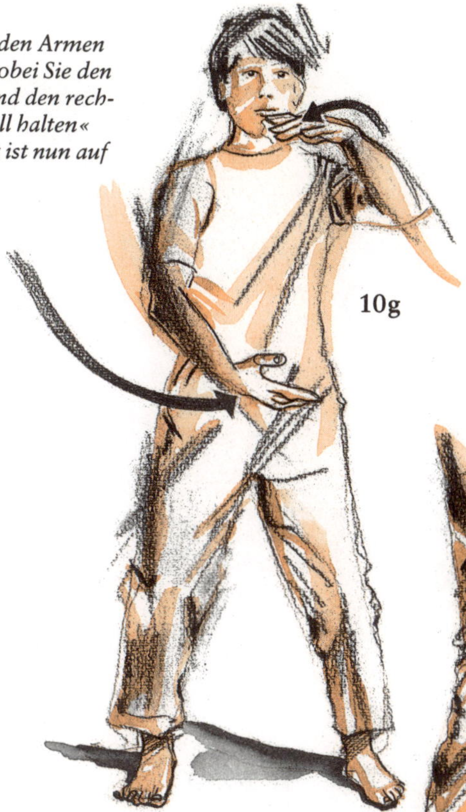

10g

10h *Strecken Sie beide Arme nach links, linker Arm gestreckt, rechter Arm auf Brusthöhe. Verlagern Sie Ihr Gewicht auf das linke Bein.*

10h

10i

10i *Ziehen Sie das rechte Bein zum linken heran (Abstand etwa 10 cm). Kreisen Sie mit dem linken Arm nach unten und mit dem rechten nach oben in die Position »Ball halten«.*

Fortsetzung
10j, k, l, m, n, o *Wiederholen Sie die Bewegungen von 10d–10i*

Schritt 11: Peitsche 2
Schritt 11 wiederholt Peitsche 1 auf derselben Körperseite.

Fortsetzung
11a, b, c, d *Wiederholen Sie die Bewegungen 9b–e (S. 110f.)*

Schritt 12:
Dem Pferd einen Klaps geben
Dieser Titel bezieht sich auf die Haltung der rechten Hand in Position b. Diese Bewegung wird von T'ai-Chi-Schülern gern praktiziert, um die Balance zu verbessern und Körper und Beine zu kräftigen.

12a *Stehen Sie Ferse an Ferse, und drehen Sie die Handflächen nach oben. Verlagern Sie Ihr Gewicht auf das rechte Bein.*

12a

12b *Gleiten Sie mit dem linken Fuß in einem »leeren Schritt« nach vorn, nehmen Sie die rechte Hand zurück bis in Höhe der Taille, Handfläche nach oben, und bewegen Sie die rechte Hand in Augenhöhe nach vorn und etwas nach oben, Handfläche nach unten. Schauen Sie auf die rechte Hand.*

12b

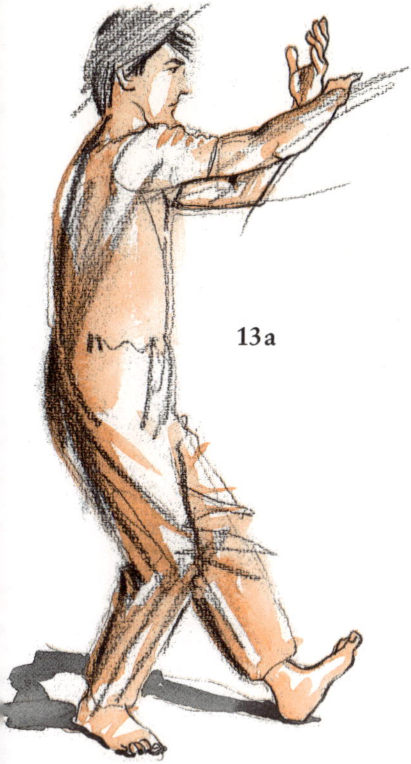

13a

Schritt 13:
Tritt mit der rechten Ferse
Diese Technik erfordert mehr Balance als die meisten anderen Schritte der Kurzform. Sie koordiniert das Trennen der Hände mit einem Tritt, der die Sehnen der Fersen dehnt; dieser Schritt wird deshalb auch »Fersendehnung« genannt.

13a *Strecken Sie den rechten Fuß nach vorn, und stützen Sie die Ferse auf; die Zehen zeigen nach links außen. Heben Sie die linke Hand, bis sie das rechte Handgelenk innen berührt, Handfläche nach innen.*

13b

13b *Verlagern Sie Ihr Gewicht nach vorn auf den linken Fuß. Trennen Sie die Arme bis zur parallelen Position, Handflächen nach vorn.*

13c

13c *Kreisen Sie mit beiden Armen nach unten, während Sie den rechten Fuß mit der Ferse zuerst anheben und ihn neben den linken Fuß führen. Kreuzen Sie die Handgelenke, linke Hand innen, Handflächen nach innen gewandt.*

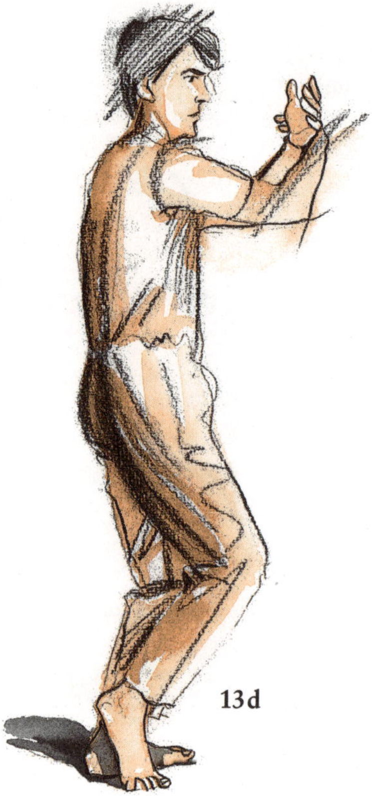

13d

13d *Heben Sie beide Hände in Gesichtshöhe, Beinhaltung wie zuvor – Gewicht auf dem linken Fuß, rechter Fuß mit den Zehen abgestützt.*

13e

13e *Trennen Sie die Arme, und richten Sie die Handflächen nach vorn. Heben Sie den rechten Fuß zu einem Tritt nach rechts (im Winkel von 45 Grad von der Mittellinie des Körpers), Ferse voraus. Schauen Sie auf die rechte Hand (siehe auch Foto S. 113).*

Schritt 14:
Zwillingsdrache sucht die Perle

Dieser Schritt heißt auch »Der Drache umarmt den Mond«; seine Charakteristik ist die spiegelbildliche Bewegung der Arme und Hände. Es gibt auch noch einen eher kämpferischen Titel: »Mit den Fäusten des Gegners Ohren treffen«.

14a *Wenden Sie beide Handflächen zum Gesicht, und stützen Sie die rechte Ferse am Boden ab.*

14a

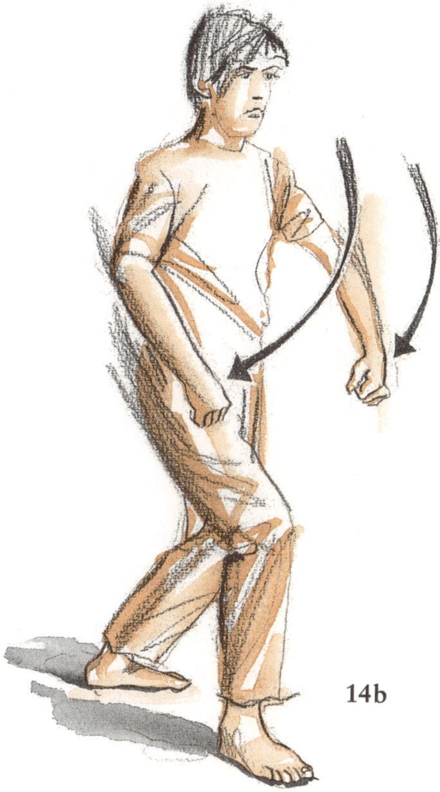

14b

14b *Verlagern Sie Ihr Gewicht nach vorn auf das rechte Bein, senken Sie beide Arme, und schließen Sie die Fäuste, Daumen außen, Knöchel zum Boden gerichtet.*

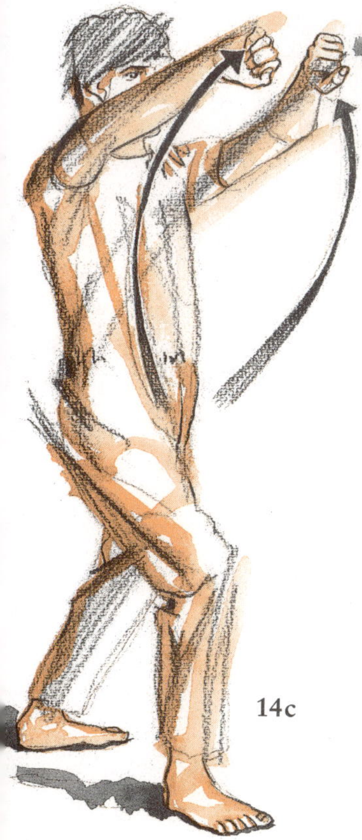

14c

14c *Drehen Sie die Fäuste nach außen, während Sie die Arme bis Scheitelhöhe heben, bis die Knöchel einander im Abstand von etwa 10 cm zugewandt sind. Schauen Sie auf die rechte Faust (siehe Foto S. 121).*

Schritt 15:
Drehung und Tritt mit der linken Ferse
Hier wird Schritt 13 mit dem linken Bein wiederholt. Denken Sie daran, mit der Ferse zu treten.

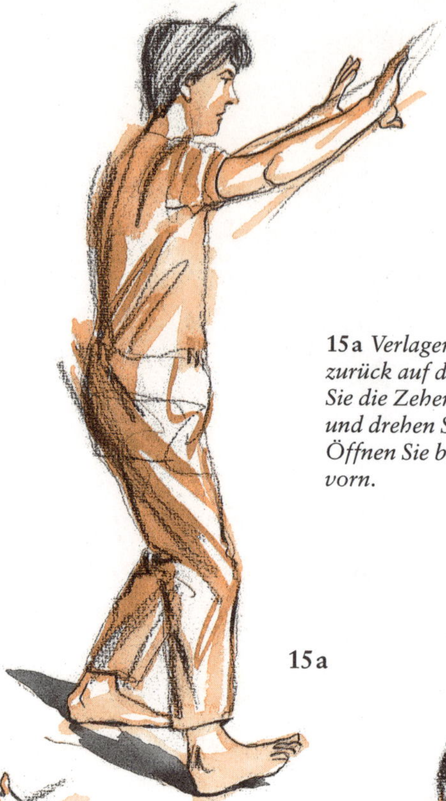

15a

15a *Verlagern Sie Ihr Gewicht zurück auf das linke Bein, heben Sie die Zehen des rechten Fußes, und drehen Sie ihn nach innen. Öffnen Sie beide Hände nach vorn.*

15b

15b *Senken Sie die Zehen des rechten Fußes, drehen Sie den Körper nach links, und kreisen Sie mit beiden Armen nach außen. Schauen Sie auf die linke Hand.*

15c

15c *Drehen Sie sich weiter nach links, verlagern Sie Ihr Gewicht auf den rechten Fuß, und machen Sie mit dem linken einen »leeren Schritt« nach vorn, Zehen am Boden. Kreisen Sie gleichzeitig mit beiden Händen nach unten, Handflächen nach unten.*

Position 14c von Schritt 14, Zwillingsdrache sucht die Perle

15d

15d *Kreisen Sie mit beiden Armen weiter, bis sich die Handgelenke in Brusthöhe kreuzen, linke Hand außen. Schauen Sie nach vorn und links.*

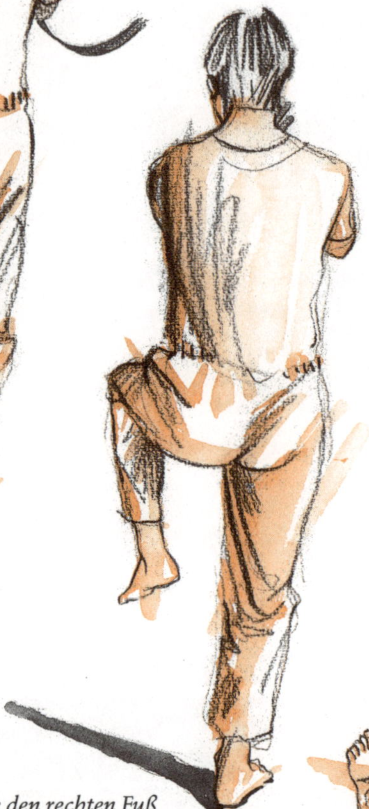

15e

Handhaltung für 15d

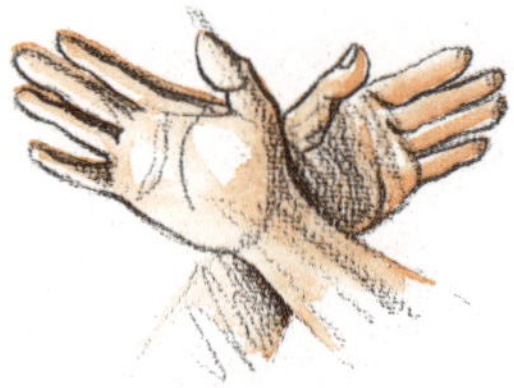

15e *Heben Sie den rechten Fuß angewinkelt bis Kniehöhe. Die Hände bleiben gekreuzt.*

15f

15f *Treten Sie mit dem linken Fuß nach links, Ferse voran, und trennen Sie dabei die Hände, Handflächen nach vorn.*

Schritt 16:
Schlange kriecht hinunter, linke Seite

Eines der zwölf Tiere im Hsing I (S. 60), die Schlange, gilt als der fußlose Körper eines Drachen. Der Titel dieses Schritts spiegelt den Wunsch wider, Energie aus der Erde zu ziehen und in sich aufzunehmen. Versuchen Sie sich vorzustellen, daß Sie sich wie eine Schlange bewegen, die über die Erde gleitet. Dieser Schritt heißt auch: »Nach unten drücken und auf einem Bein stehen«.

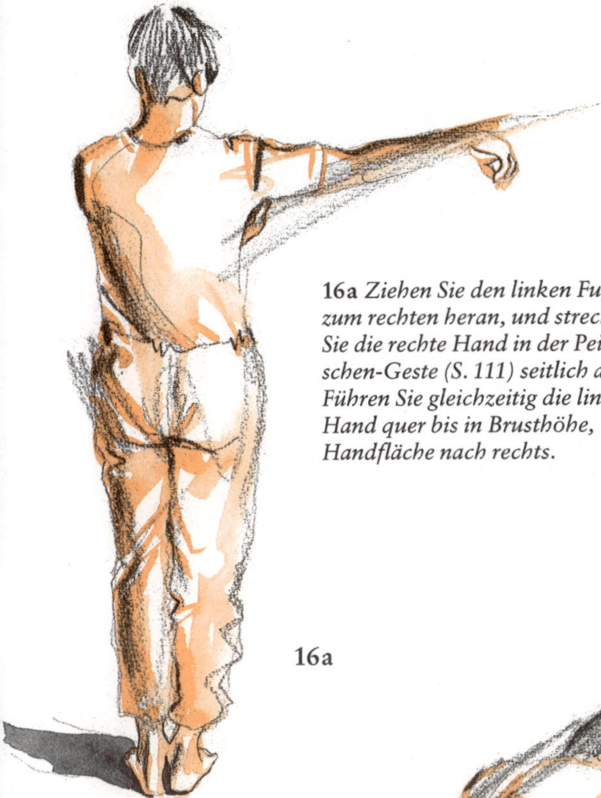

16a *Ziehen Sie den linken Fuß zum rechten heran, und strecken Sie die rechte Hand in der Peitschen-Geste (S. 111) seitlich aus. Führen Sie gleichzeitig die linke Hand quer bis in Brusthöhe, Handfläche nach rechts.*

16a

16b

16b *Drehen Sie das Gesicht nach rechts, und lassen Sie das linke Bein ausgestreckt mit der Ferse voran nach hinten gleiten. Das rechte Bein ist gebeugt. Neigen Sie sich vor, die rechte Hand in der Peitschen-Haltung, und senken Sie die linke Hand zur Taille.*

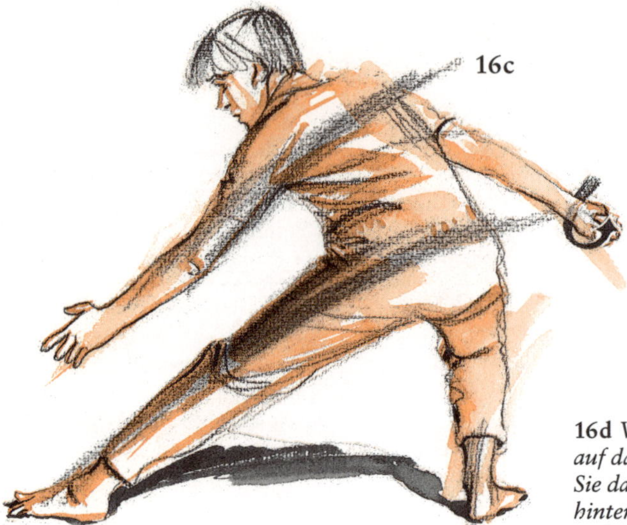

16c

16c *Drehen Sie den linken Fuß, so daß er leicht nach außen zeigt. Kreisen Sie mit dem linken Arm nach unten, und neigen Sie sich etwas mehr vor, bis Arm und Bein eine Parallele bilden. Nehmen Sie dabei den rechten Arm zurück, und drehen Sie die Hand, immer noch in Peitschen-Haltung, nach oben. (Das Foto S. 129 zeigt 16c von der anderen Seite.)*

16d *Verlagern Sie Ihr Gewicht auf das linke Bein, und strecken Sie dabei das rechte Bein nach hinten, wobei Sie den rechten Fuß auf den Ballen um 45 Grad nach innen drehen. Heben Sie die linke Hand bis in Brusthöhe, Handfläche nach außen. Die Finger der rechten Hand zeigen in der Peitschen-Haltung nach oben. (Das Foto S. 135 zeigt 16d von der anderen Seite.)*

16d

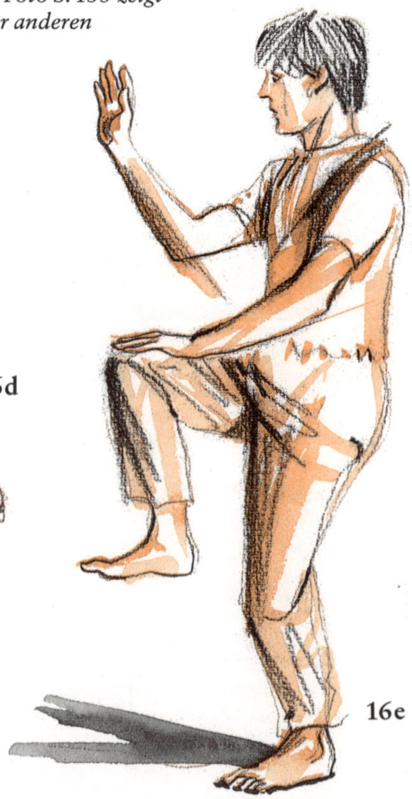

16e

16e *Heben Sie das rechte Knie bis zur Taille, und senken Sie die rechte Hand bis zum Knie, Handfläche nach unten. Kreisen Sie mit der rechten Hand nach vorn und oben, Handfläche nach links. Schauen Sie auf die rechte Hand.*

Schritt 17:
Schlange kriecht hinunter, rechte Seite
Diese Bewegung wiederholt Schritt 16 auf der rechten Seite des Körpers. Bewegen Sie sich fließend nach unten und oben, und gehen Sie weich von einer Position in die andere über.

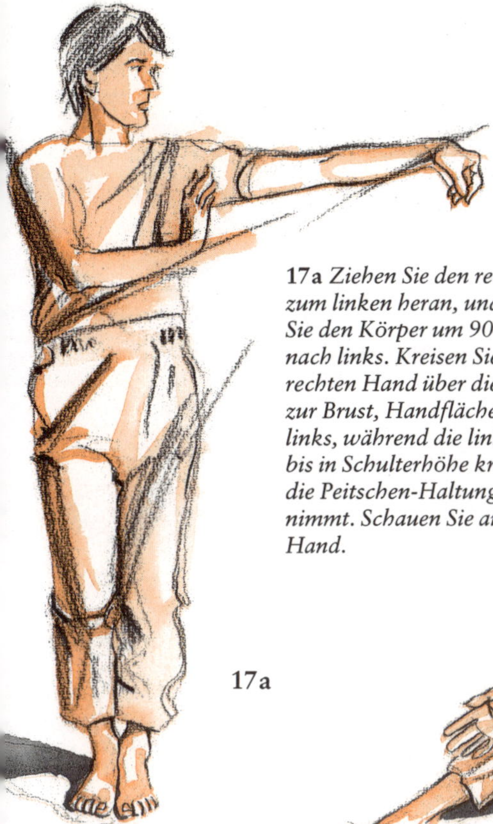

17a

17a *Ziehen Sie den rechten Fuß zum linken heran, und drehen Sie den Körper um 90 Grad nach links. Kreisen Sie mit der rechten Hand über die und quer zur Brust, Handfläche nach links, während die linke Hand bis in Schulterhöhe kreist und die Peitschen-Haltung einnimmt. Schauen Sie auf die linke Hand.*

17b

17b *Lassen Sie das rechte Bein ausgestreckt mit der Ferse voran zur Seite gleiten. Neigen Sie sich vor, und bringen Sie den rechten Arm in eine parallele Linie zum rechten Bein. Der linke Arm bleibt nach hinten gestreckt, Finger nach oben.*

17c

17c *Drehen Sie den rechten Fuß, so daß er leicht nach außen zeigt. Beugen Sie das rechte Knie, und bleiben Sie mit dem Oberkörper unten, während Sie ihn nach rechts drehen; kreisen Sie mit dem rechten Arm weiter, bis er sich parallel zum Oberschenkel befindet.*

17 d *Verlagern Sie Ihr Gewicht auf das rechte Bein, und drehen Sie den Körper noch weiter nach rechts. Drehen Sie den linken Fuß auf dem Ballen, so daß er nach vorn zeigt. Die linke Hand bleibt in der Peitschen-Haltung hinten, Fingerspitzen nach oben.*

17 d

17 e *Heben Sie das linke Knie bis Hüfthöhe, und senken Sie die rechte Hand zur selben Höhe, Handfläche nach unten. Kreisen Sie mit dem linken Arm nach vorn und oben bis in Gesichtshöhe, und drehen Sie die Handfläche nach rechts.*

17 e

Schritt 18:
Alte Frau webt nach beiden Seiten
Hände und Taille bewegen sich hier in einer Weise, die das Weben nachahmt. In einigen der T'ai-Chi-Langformen heißt dieser Schritt auch »Vier Ecken«, da er in alle vier Himmelsrichtungen ausgeführt wird.

18a *Senken Sie den linken Fuß zu einem Schritt nach vorn, Ferse am Boden; drehen Sie ihn ein wenig nach außen. Kreisen Sie mit dem linken Arm nach oben, Handfläche nach unten, und senken Sie den rechten zur Position »Ball halten«.*

18a

18b *Verlagern Sie Ihr Gewicht nach vorn auf den linken Fuß, und kreisen Sie mit dem rechten Arm nach oben und vorn, Handfläche zum Gesicht. Senken Sie die linke Hand bis vor die Brust, Handfläche nach unten.*

18b

18c

18c *Machen Sie mit dem rechten Fuß einen Schritt um 45 Grad zur Seite, Ferse am Boden. Die Armhaltung bleibt unverändert.*

18d *Verlagern Sie Ihr Gewicht auf den rechten Fuß, Fußsohle am Boden. Drehen Sie den Körper nach rechts und die rechte Handfläche nach außen. Stoßen Sie die linke Hand vorwärts und nach rechts. Schauen Sie auf die linke Hand.*

18d

18e *Verlagern Sie Ihr Gewicht zurück auf den linken Fuß, und lassen Sie den rechten Fuß mit der Ferse am Boden. Kreisen Sie mit den Armen in die Position »Ball halten«, rechte Hand oben.*

18e

Bewegung von Position b zu c in Schritt 16, Schlange kriecht hinunter, linke Seite

18f *Verlagern Sie Ihr Gewicht nach vorn auf den rechten Fuß, kreisen Sie mit der linken Hand hoch und nach vorn, Handfläche zum Gesicht. Senken Sie den rechten Arm bis vor die Brust.*

18f

18g

18g *Machen Sie mit dem linken Fuß einen Schritt um 45 Grad nach links, Ferse am Boden. Die Armhaltung bleibt unverändert.*

18h

18h *Verlagern Sie Ihr Gewicht nach vorn auf den linken Fuß. Drehen Sie den Körper nach links, und richten Sie die linke Handfläche nach außen. Gehen Sie mit der rechten Hand nach vorn, und schauen Sie zwischen Ihren Händen durch.*

Schritt 19:
Die Nadel vom Meeresgrund holen
Die nach unten gerichtete Energie in diesem Schritt dient dazu, nach unten zu greifen und mit der rechten Hand genau das Ziel zu erreichen. Stellen Sie sich vor, daß Ihre rechte Hand die Nadel vom Meeresgrund aufhebt, während die linke die sich kräuselnde Wasseroberfläche darstellt.

19a *Ziehen Sie den rechten Fuß zum linken, und drehen Sie den Körper dabei nach rechts. Der linke Arm beginnt nach links und unten zu kreisen.*

19a

19b *Verlagern Sie Ihr Gewicht auf das rechte Bein, und kreisen Sie mit dem linken Arm weiter nach unten bis in Taillenhöhe. Heben Sie gleichzeitig die rechte Hand bis in Gesichtshöhe, Handfläche nach innen.*

19b

19c *Gleiten Sie mit dem linken Fuß im »leeren Schritt« nach vorn auf die Zehen. Senken Sie die rechte Hand, die Finger nach unten gerichtet (Nadel aufheben). Schauen Sie vor sich auf den Boden. Die linke Hand bleibt unverändert.*

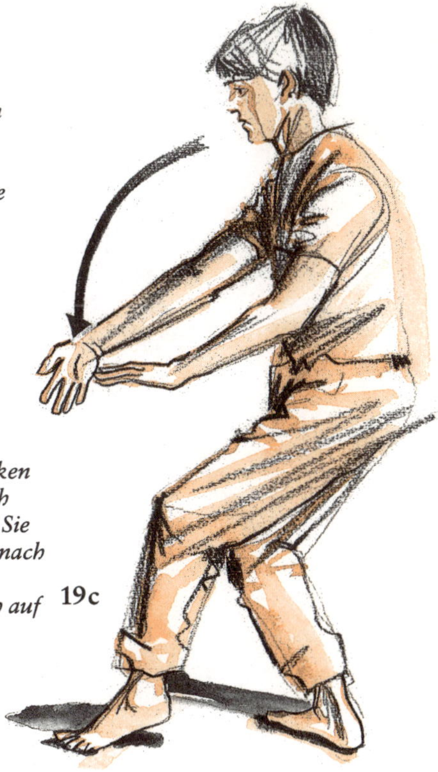

19c

Schritt 20:
Bogenschießen
Dieser Schritt wird auch »Hände trennen« genannt. Die Haltung ahmt das Spannen eines Bogens nach.

20a *Gehen Sie mit der Ferse des linken Fußes einen Schritt vor. Heben Sie den rechten Arm bis Brusthöhe, Handfläche nach innen, Finger nach unten zeigend. Heben Sie die linke Hand, und legen Sie die Handfläche auf die Innenseite des rechten Ellbogens.*

20a

20b *Verlagern Sie Ihr Gewicht nach vorn auf den linken Fuß. Die Armhaltung bleibt unverändert.*

20b

20c *Drücken Sie mit der linken Hand nach vorn, Handfläche nach vorn, und ziehen Sie die rechte Hand mit nach außen gerichteter Handfläche in Stirnhöhe zurück. Diese Haltung imitiert das Spannen eines Bogens. Schauen Sie auf die au gestreckte linke Hand.*

20c

Schritt 21:
Drehen, ablenken, abwehren und boxen
Diese Bewegungen enthalten eine Reihe von Abwehr- und Angriffstechniken, die einen hohen Grad an Koordination erfordern.

21a *Verlagern Sie Ihr Gewicht zurück auf Ihr rechtes Bein, und drehen Sie den linken Fuß nach innen. Halten Sie die linke Hand quer zur Stirn, als würden Sie einen Schlag abwehren, und schließen Sie die Faust, Daumen außen, Handfläche nach außen. Die rechte Hand bleibt in Schulterhöhe, Handfläche nach außen.*

21a

21b *Verlagern Sie Ihr Gewicht auf den linken Fuß, und drehen Sie den Körper nach links. Führen Sie den rechten Arm quer über den Körper nach unten, und schließen Sie die Hand zur Faust, Daumen außen, Handfläche nach unten. Die rechte Hand bleibt oben, Handfläche nach außen.*

21b

21c

21c *Drehen Sie den Körper nach rechts, und machen Sie mit dem rechten Fuß einen »leeren Schritt« nach vorn, Ferse oben. Senken Sie die linke Hand quer zur Brusthöhe, Handfläche nach unten geöffnet. Die rechte Hand bleibt zur Faust geschlossen.*

21d *Ziehen Sie den rechten Fuß ein wenig zurück, und heben Sie die Ferse etwas an (Kick-Position). Ziehen Sie die rechte Faust an der Innenseite des linken Arms nach oben, und senken Sie die linke Hand, Handfläche nach unten.*

21e *Treten Sie mit dem rechten Fuß nach vorn, Ferse voran, und drehen Sie den rechten Arm, so daß die Faust nach oben zeigt; schauen Sie auf die rechte Faust.*

21d

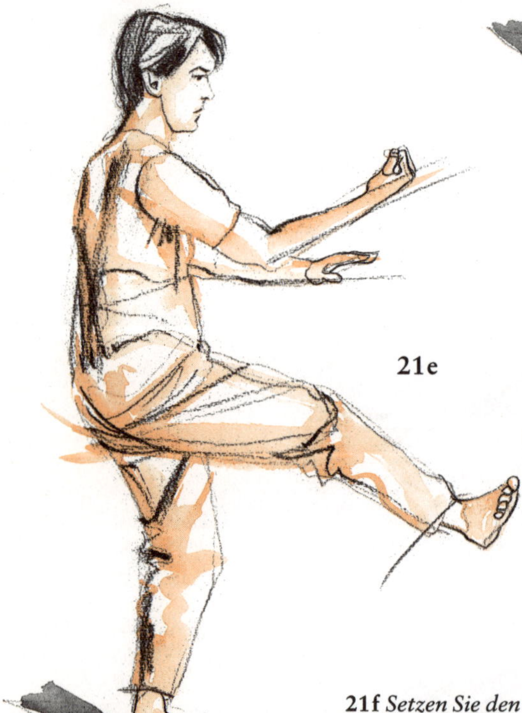

21e

21f *Setzen Sie den rechten Fuß vor sich ab, die Zehen um etwa 45 Grad von der Körpermitte nach außen gedreht.*

21f

Position d von Schritt 16, Schlange kriecht hinunter, linke Seite

21g *Machen Sie mit dem linken Fuß einen Schritt nach vorn, aber lassen Sie Ihr Gewicht auf dem rechten Bein. Drehen Sie die linke Handfläche nach innen. Der rechte Arm bleibt mit der nach oben gerichteten Faust in Hüfthöhe.*

21g

21h *Verlagern Sie Ihr Gewicht nach vorn auf das linke Bein. Stoßen Sie dabei die rechte Faust nach vorn, die Handfläche zeigt nach links. Der rechte Arm verbleibt wie in Position 21g. Schauen Sie nach vorn.*

21h

Schritt 22:
Scheinbares Vorrücken
Hier wird eines der wichtigsten Prinzipien des T'ai Chi direkt angewendet: Sie machen eine »scheinbare« Bewegung, die Ihre wahre Absicht verschleiert. Oder Sie täuschen Ihren Angreifer dadurch, daß Sie sich stark oder auch schwach stellen und so ein falsches Ziel bieten.

22a *Legen Sie die linke Hand unter den rechten Unterarm, lassen Sie sie dann sacht nach vorn gleiten. Die rechte Hand beginnt sich dabei zu öffnen, Handfläche nach oben.*

22a

22b *Trennen Sie die Hände, und öffnen Sie die Handflächen nach vorn und unten. Gehen Sie mit dem rechten Bein zurück, und senken Sie die Hände zum Tan Tien.*

22c *Verlagern Sie Ihr Gewicht wieder nach vorn auf das linke Bein, und stoßen Sie dabei beide Hände in Brusthöhe nach vorn, Handflächen nach vorn. Schauen Sie geradeaus.*

22b

22c

Schritt 23:
Hände kreuzen
Dies ist eine abschließende Konzentration der Lebensenergie. Wie im Pa Kua (S. 64–81) beschreiben die Arme den Kreis des Universums und teilen ihn dann in Yin und Yang.

23a

23a *Verlagern Sie Ihr Gewicht zurück auf den rechten Fuß, und drehen Sie den linken nach innen; drehen Sie den Körper dabei nach rechts. Kreisen Sie mit den Armen in Schulterhöhe nach außen, Handflächen nach außen. Schauen Sie auf die rechte Hand.*

23b

23b *Verlagern Sie Ihr Gewicht auf das linke Bein, ohne die Fußstellung zu verändern. Kreisen Sie mit den Armen nach außen und unten, Handflächen nach unten. Damit ziehen Sie die Energie in die Körpermitte.*

23c

23c *Ziehen Sie den rechten Fuß zurück, bis beide Füße schulterbreit entfernt nebeneinanderstehen. Ihr Gewicht ist gleichmäßig verteilt. Kreuzen Sie Ihre Hände vor dem Bauch, linke Hand innen, Handflächen nach oben. Heben Sie schließlich die gekreuzten Hände bis in Brusthöhe, Handflächen nach innen.*

Schritt 24:
Abschließende Form
Der letzte Schritt ist die genaue Umkehrung des Eröffnungsschritts (S. 91) und deutet die Rückkehr vom Himmel zur Erde an. Bei der Abwärtsbewegung der Arme sollten Sie ausatmen.

24a *Stoßen Sie die gekreuzten Hände in Schulterhöhe nach vorn; die rechte Hand liegt über der linken; lassen Sie die Hände umeinander gleiten, Handflächen nach unten, bis die linke Hand über der rechten liegt. Die Beine sind schulterbreit gegrätscht.*

24a

24b

24b *Trennen Sie die Hände, und halten Sie sie schulterbreit voneinander entfernt in Schulterhöhe ausgestreckt, Handflächen nach unten.*

24c

24c *Senken Sie die Hände parallel, und entspannen Sie die Handgelenke. Strecken Sie die Beine. Beenden Sie die Übung, indem Sie die Beine schließen.*

Die fundamentalen Kräfte

Bis hierher stellten sich die T'ai-Chi-Haltungen hauptsächlich als Übungen zur Pflege der Gesundheit dar. Man sollte aber nicht vergessen, daß diese Kunst auch andere Zielsetzungen hat. Die hier dargestellten »fundamentalen Kräfte« wurden aus einer Reihe von Abwehrtechniken ausgewählt, die man üblicherweise in der Kurzform praktiziert. Sie dienen eher der Ablenkung und Abwehr eines Gegners als dem Angriff; der Verteidiger nutzt die Stoßkraft des Gegners, statt die eigene Kraft einzusetzen (siehe auch Seite 84 f.).

Wenn Sie angegriffen werden, sollten Sie zwei grundsätzliche Regeln beachten: Vermeiden Sie den Konflikt, wenn es irgend möglich ist, und machen Sie sich aus dem Staub, wann immer Sie können. Nur wenn es gar keinen anderen Ausweg gibt, sollten Sie sich stellen und Ihre T'ai-Chi-Kenntnisse anwenden.

Achtung Anfänger sollten diese Techniken nicht ohne die Aufsicht eines geübten Lehrers praktizieren.
Anmerkung In den Illustrationen ist der Verteidiger mit A, der Angreifer mit B gekennzeichnet.

Schulterschlag
Der Verteidiger vereitelt einen Angriff von hinten. Die Bewegung muß rasch und geschmeidig sein.

1a *B faßt A von hinten um den Hals. A macht einen großen Schritt nach hinten zwischen die Beine von B, Ferse hoch. A ergreift die rechte Hand von B mit der rechten Hand.*

1b *A stemmt sich nach hinten auf das rechte Bein, richtet den Oberkörper ruckartig auf, öffnet beide Arme und wirft dabei die Hände von B ab.*

Zurückrollen
Der Verteidiger lenkt einen »einseitigen« Angriff von vorn ab: meist ein Schlag oder Fausthieb ins Gesicht.

2a *B richtet mit der rechten Hand einen Schlag gegen As Gesicht. A weicht zur Seite aus nimmt eine standfeste Haltung ein – Beine etwa 60 cm gegrätscht, Knie leicht gebeug und greift nach dem rechten Arm von B, die rechte Hand a Bs Handgelenk und die linke knapp hinter dem Ellbogen.*

2b *A verlagert das Gewicht auf den rechten Fuß und zieht B mit der rechten Hand in seiner eigenen Stoßrichtung nach vorn und unten, wobei die linke Hand den Ellbogen von B am Gelenk als Hebel benutzt.*

2c *A dreht sich nach rechts, verlagert das Gewicht nach vorn und zieht B dabei weiterhin nach vorn und unten. (Diese Bewegung kann damit enden, daß B am Boden liegt und durch Druck gegen das Ellbogengelenk unbeweglich gemacht wird.)*

Wegstoßen
Hier wird ein frontaler Angriff mit beiden Händen gegen den Hals abgewehrt. Die Schnelligkeit und Kraft von A sollten sich vom Start bis zum Ende gleichmäßig steigern.

3a *B nähert sich A mit einem Würgegriff von vorn. A macht mit dem rechten Fuß einen Schritt nach vorn, hebt beide Arme zwischen Bs Arme und drückt sie nach außen.*

3a

3b

3b *A stützt sich auf den rückwärtigen Fuß und legt die Hände auf Bs Unterarme, zieht sie nach vorn und nach unten und drückt sie noch weiter auseinander.*

3c

3c *A neigt sich vor, legt die Hände an Bs Taille, verstärkt den Druck durch Verlagerung des ganzen Gewichts nach vorn auf den vorderen Fuß und stößt mit beiden Armen nach außen und oben. T'ai-Chi-Anhänger können einen Angreifer scheinbar mühelos durch ein ganzes Zimmer schleudern.*

Position 1b, Schulterschlag

Partnerübung »Händestoßen«

Selbstverteidigung mit T'ai Chi erfordert eine ausgezeichnete Balance und ein präzises Gefühl für den richtigen zeitlichen Ablauf. Diese Fähigkeiten werden durch die Partnerübungen entwickelt. Man praktiziert sie als eine rhythmische Übung (nicht im Sinn eines Wettkampfs), in der Sie in ständigem Kontakt mit Ihrem Partner stehen. Am besten üben Sie mit einem gleich großen und gleich schweren Partner.

Versuchen Sie, während der Übung den Grad der Balance Ihres Partners zu erspüren – und vielleicht sogar seine geistige Verfassung. Sie können die Augen schließen, wenn Sie wollen, aber seien Sie jederzeit hellwach. Mit zunehmender Übung werden Sie immer schneller herausfinden, wann der Augenblick gekommen ist, an dem Ihr Partner beginnt, das Gleichgewicht zu verlieren. Wenn Sie an diesem Punkt Ihre Position ein wenig verändern, können Sie standfester und sicherer werden.

Beginn
Die Partner stehen einander gegenüber, jeder mit dem rechten Fuß nach vorn, so daß beide Füße Seite an Seite sind. Die rechten Hände sind bis in Brusthöhe erhoben und berühren einander außen an den Handgelenken. Die linken Hände befinden sich in Hüfthöhe (der »freie« linke Arm dient während der gesamten Übung dem Ausbalancieren der Bewegungen).

Anmerkung Die Partner sind mit A und B gekennzeichnet.

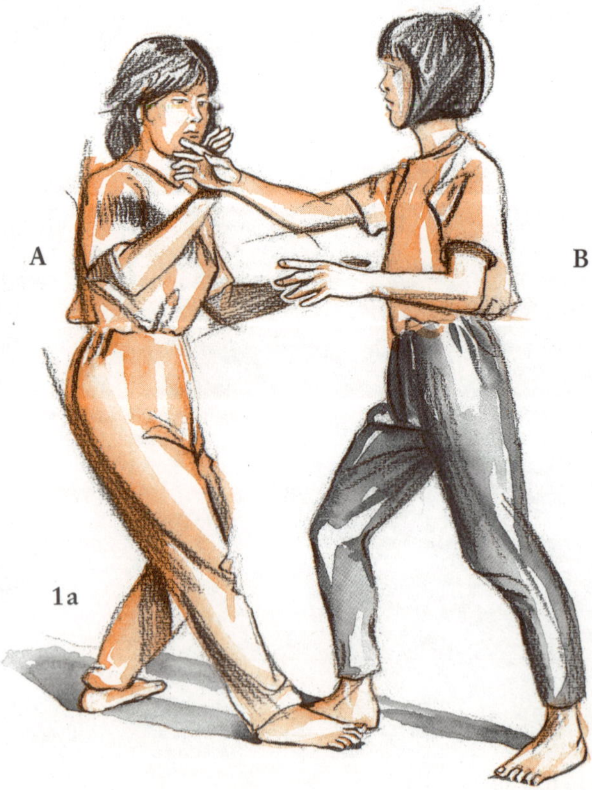

1a *Partner B dreht die rechte Hand, so daß die Handfläche zum Körper zeigt, und drückt dann sanft mit dem Handgelenk geradeaus gegen das Handgelenk von A. Dazu muß B das Gewicht auf das rechte Bein verlagern. A gibt diesem Druck nach, bis die Hand fast die Schulter erreicht hat, und verlagert dabei das Gewicht zurück auf das linke Bein. Dabei dreht sich der Körper ein wenig.*

1b *Wenn Bs Gewicht ganz nach vorn verschoben und der Arm ausgestreckt ist, dreht A die rechte Hand, so daß die Handfläche auf der Oberseite von Bs Handgelenk liegt.*

1b

1c

1c *A neigt sich nun vor auf das rechte Bein und drückt Bs Arm und Gewicht zurück. A wird dadurch leicht nach links gedreht, Arm und Schulter vorn, und verlagert nun das ganze Gewicht auf das rechte Bein. B reagiert darauf mit Nachgeben, wie A in Position 1a.*

1d *B verhält sich nun genauso wie A in 1b.*

1d

1e *Die Partner wiederholen die Übung hin und her, etwa so, als würden Sie mit einer Säge arbeiten. Diese konstante Hin-und-Her-Bewegung kann man so lange ausführen, wie man Lust hat, mindestens aber zwei bis drei Minuten. Man kann die Hände abwechseln, wenn eine Seite ermüdet.*

1e

ZWEITER TEIL

Weg zur Balance

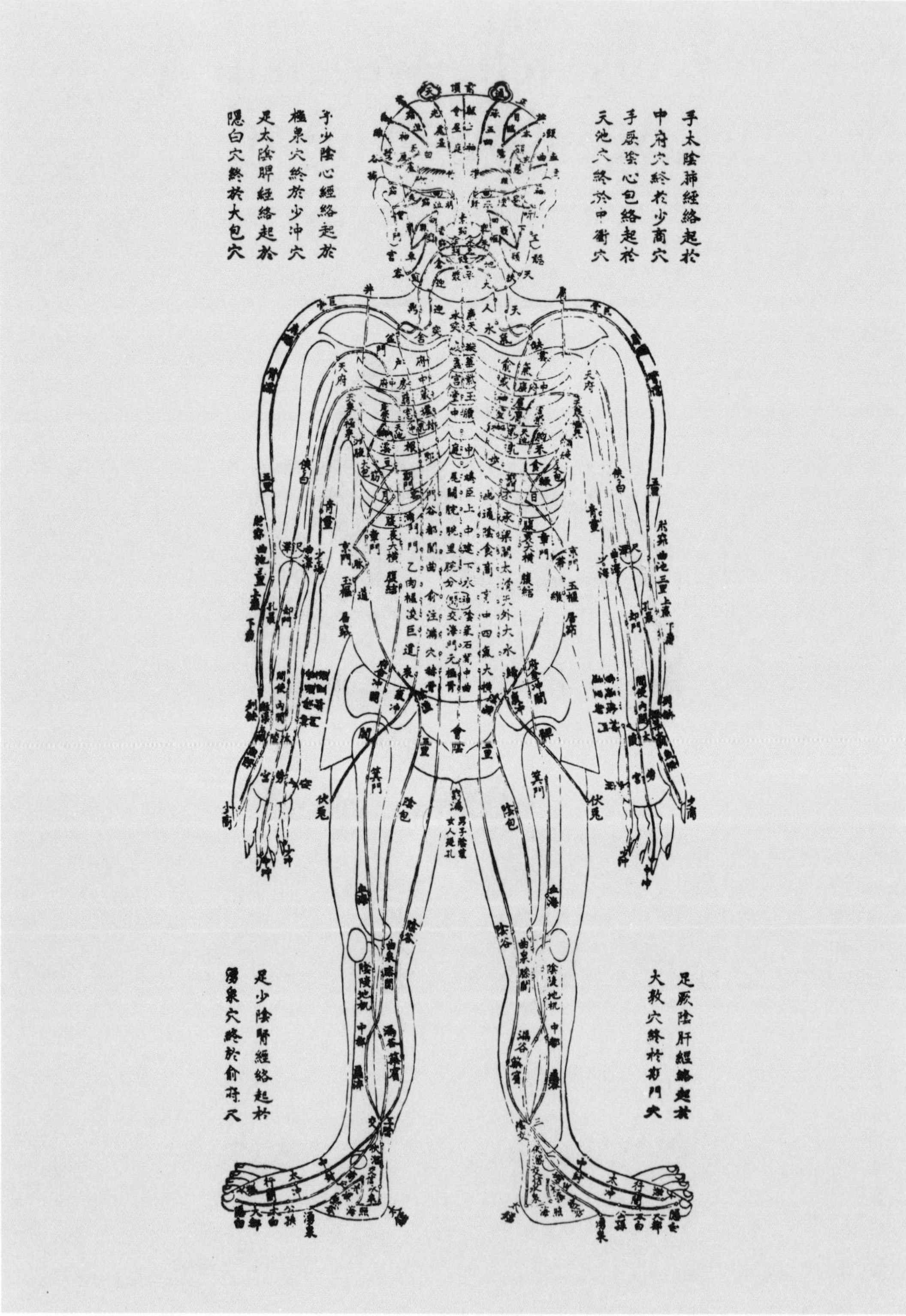
手太陰肺經絡起於中府穴終於少商穴
手厥陰心包絡起於天池穴終於中衝穴
手少陰心經絡起於極泉穴終於少沖穴
足太陰脾經絡起於隱白穴終於大包穴
足厥陰肝經絡起於大敦穴終於期門穴
足少陰腎經絡起於湧泉穴終於俞府穴

5 Östliche Wege zur Ausgeglichenheit

Wenn Sie sich mit der praktischen Seite der sanften Bewegungskünste vertraut gemacht haben, wird Ihnen eine tiefere Würdigung des Wegs zur Harmonie möglich sein. Die Praxis der im ersten Teil gelehrten Künste allein ist schon sehr wohltuend – doch in China, dem Herkunftsland der Bewegungskünste, ist die tägliche Übung nur ein Aspekt eines Lebensstils, zu dessen Ausgewogenheit es eine ganze Reihe verschiedener Methoden gibt. Dieses Kapitel beschreibt, wie Sie durch das Tao zu mehr Lebensqualität, Ruhe und Ausgeglichenheit gelangen können.

Die Chinesen hatten während ihrer ganzen Geschichte stets ein tiefes Verständnis dafür, welchen Platz der Mensch im Kosmos einnimmt, und sie sind der Überzeugung, daß es Aufgabe des Menschen ist, sein Leben in Übereinstimmung mit der Natur zu führen. Dieser Weg wird Tao genannt, und Tao ist der Anfang aller Dinge, das Absolute (siehe auch Seite 13). Aus diesem einfachen Gedanken heraus entwickelten sich Philosophie und praktische Anwendbarkeit der sanften Bewegungskünste. Die Idee des Tao vermittelt uns ein Gefühl für die Verbundenheit aller Dinge. Die T'ai-Chi-Kurzform beispielsweise hat mit vielen Aspekten des Lebens zu tun, nicht nur mit körperlicher Ertüchtigung, sondern insgesamt mit der Gesundheit von Körper und Geist, mit Selbstverteidigung, Meditation und nicht zuletzt mit spirituellem Bewußtsein. Doch das Tao geht noch weiter. Es lehrt uns, daß alles im Leben in einer Wechselbeziehung steht – und dazu gehören nicht nur Körpertraining und geistige und körperliche Gesundheit, sondern auch die Befindlichkeit der Organe, die Gemütszustände und Emotionen, das Sexualverhalten, die Art der Nahrung, das Eßverhalten, der Atem und das spirituelle Leben.

Diesen verschiedenen Aspekten des Lebens liegen das Chi, die Lebensenergie, und die fünf Elemente, die Bausteine des Universums, zugrunde. Um wirkliche Ausgeglichenheit, das Hauptziel der sanften Bewegungskünste, zu erlangen, müssen Sie lernen, Ihren Lebensstil in einer Weise zu verändern, die Ihr Chi belebt und die Elemente in Einklang bringt.

Im Westen erfreuen sich nur wenige Menschen jener Art von Lebensführung, die uns ein Gefühl der Ganzheit vermittelt; statt dessen führen die meisten ein Leben, das sie ihrer Kräfte beraubt. Die täglichen Anforderungen lassen kaum jemandem die Zeit, richtig und in Ruhe zu essen oder sich genügend körperlich zu betätigen. Die Werbung suggeriert unentwegt Vorstellungen und Wünsche, die dem zuwiderlaufen, was der Mensch wirklich braucht.

Dasselbe gilt im großen und ganzen auch für die Art und Weise, wie die sanften Bewegungskünste im Westen gelehrt werden. Sie werden oft falsch dargestellt – herausgerissen aus ihrem eigentlichen Zusammenhang – und nicht als ein integraler Bestandteil eines ausgeglichenen Lebensstils gesehen. Dieses Kapitel wird Ihnen einiges über den Kontext, aus dem die sanften Bewegungskünste hervorgegangen sind, eröffnen und Sie darin unterweisen, wie Sie die den Künsten zugrundeliegende taoistische Weisheit in Ihren Alltag integrieren können. So werden auch Sie sich jenes Gefühl der Ganzheitlichkeit und Ausgeglichenheit zu eigen machen, das dem Weg der Harmonie entspricht.

Genauere Betrachtung des Chi

Beim Erlernen der sanften Künste werden Sie bereits festgestellt haben, welch große Bedeutung Chi und die fünf Elemente für Theorie und Praxis des Chi Gong, Hsing I, Pa Kua und T'ai Chi Chuan haben und wie sie die Ausübung dieser Künste inspirieren und wirkungsvoll im Umgang mit einem Gegner eingesetzt werden können. Zugleich durchdringen diese Konzepte alle Schichten der chinesischen Kultur: Sie bilden die Basis der chinesischen Kosmologie wie auch der chinesischen Medizin und Ernährung.

Eine tiefere Einsicht in diese Ideen wird nicht nur Ihre Wertschätzung für die sanften Bewegungskünste steigern, sondern auch wertvolle Bezugspunkte bieten, mit deren Hilfe Sie die Welt, in der Sie leben, besser verstehen lernen.

Chi ist die Wurzel aller Energie. Es ist das, was den Wind in Bewegung versetzt und der Sonne ihre wärmende Kraft gibt. Es ist das, was die Pflanzen, Tiere und Menschen wachsen, sich fortpflanzen und blühen läßt. Es ist der Atem selbst, die Luft, die wir atmen, und die Lebensenergie, die uns das Atmen gibt. Es dient der Verstärkung des Chi, wenn Sie bei der Ausübung der sanften Künste Ihre besondere Aufmerksamkeit darauf richten, wie Sie atmen (Seite 167 ff.). Auch im Yoga wird in bestimmten Meditationsformen die Aufmerksamkeit auf den Energiefluß gerichtet.

Viele Übungen innerhalb der sanften Künste haben den Zweck, Sie zu lehren, wie Sie Chi in Ihrem Körper speichern können: im Tan Tien, dem Energiezentrum des Körpers im Unterleib (Seite 24). Andere, schwierigere Techniken dienen dazu, die Lebensenergie an bestimmten Stellen des Körpers zu konzentrieren, um an diesen Punkten eine außergewöhnliche Kraft zu sammeln und sie einem Angriff entgegenzusetzen. Es heißt, daß die ganz großen Meister Chi sogar auf andere übertragen können, sei es als abwehrende oder heilende Kraft. Chi Gong findet bereits heute in vielen chinesischen Krankenhäusern therapeutische Anwendung.

Um zu verstehen, warum das möglich ist, sollten wir uns näher damit befassen, wie die Chinesen die Funktionsweise des menschlichen Körpers betrachten. Die frühen chinesischen Ärzte machten die Entdeckung, daß der menschliche Körper – ebenso wie das Universum – aus zwei unterschiedlichen Teilen besteht, aus Yin und Yang, und mit den fünf Elementen (Seite 151 ff.) in Verbindung steht. Auch die vielen Aspekte der Persönlichkeit werden in dieser Weise gesehen (siehe rechts und auf Seite 162).

Yin und Yang
Ursprünglich wurden diese beiden Eigenschaften auf die schattige (Yin) und auf die sonnige (Yang) Seite eines Berges bezogen. Die Yin-Qualitäten sind: weiblich, dunkel, fest, materiell, negativ, kalt und haben die Tendenz, sich nach unten zu bewegen. Yang ist das Gegenteil: männlich, hell, immateriell, positiv, warm und hat die Tendenz, sich nach oben zu bewegen. Man kann auch den menschlichen Charakter im Licht von Yin und Yang interpretieren. Es gibt Menschen, die sehr Yang sind – der dünne, geschäftige Typ, der ständig in Eile ist, der nicht besonders gut schläft und dem oft ein Zentrum seines Lebens zu fehlen scheint. Bei anderen ist das Yin beherrschend, das ist der entspannte, verschlafene Typ, der manchmal recht lethargisch und gleichgültig scheint.

Bedeutung der fünf Elemente

Die fünf Elemente sind die grundlegenden Komponenten des Universums: Wasser, Holz, Feuer, Erde und Metall. Viele Übungen der sanften Künste sind nach der Idee des Chi-Flusses durch die Elemente gestaltet. Und im Hsing I (Seite 46) werden die Elemente selbst in körperliche Bewegung verwandelt – in eine Reihe von miteinander verbundenen Aktionen, die in einer dynamischen Wechselbeziehung zueinander stehen.

Die Chinesen beziehen diese kosmischen Elemente auch auf den menschlichen Körper: auf die Meridiane und lebenswichtigen Organe (Seite 152) und auf die emotionalen Reaktionen (Seite 162). Zusätzlich zu diesen körperlichen Aspekten ist jedes Element einer Farbe, einem Klang, einem Geruch, einem Geschmack, einer Jahreszeit und einer Tageszeit zugeordnet. Mit Hilfe einer Farbe können Sie beispielsweise herausfinden, was Sie elementar anzieht oder abstößt; denn jeder Mensch neigt dazu, bestimmte Farben zu bevorzugen. Und Sie werden wahrscheinlich auch feststellen, daß Sie sich zu bestimmten Tageszeiten besser oder schlechter fühlen (diese Tageszeit, die mit jedem der Elemente verbunden ist, bezieht sich auf die Zeit, zu der das entsprechende Organ am aktivsten ist).

Bei gesunden Menschen sind die Elemente im Gleichgewicht; bei Kranken sind sie unausgeglichen. Hinweise auf eine Unausgewogenheit kann man in so unterschiedlichen Anzeichen wie etwa einer ungewöhnlichen Färbung der Haut oder einem besonderen Körpergeruch, aber auch im Wiederkehren eines spezifischen Symptoms zu einer bestimmten Tages- oder Jahreszeit erkennen. Der chinesische Arzt beachtet solche Anzeichen, um herauszufinden, welches Element in Disharmonie ist, und darauf seine Behandlung abzustimmen.

Die fünf Elemente
Jedes Element hat seine speziellen Zuordnungen, von den Körperorganen bis zu Farben, Geschmacksrichtungen und so fort, wie unten gezeigt.

	Wasser	**Holz**	**Feuer**	**Erde**	**Metall**
Meridiane und Organe	Nieren Blase	Leber Gallenblase	Herz Dünndarm	Milz Magen	Lungen Dickdarm
Farbe	blau/schwarz	grün	rot	gelb	weiß
Klang	Seufzen	Schreien	Lachen	Singen	Weinen
Geruch	faulig	ranzig	angebrannt	duftend	modrig
Geschmack	salzig	sauer	bitter	süß	scharf
Emotion	Angst	Zorn	Freude	Sympathie	Kummer
Jahreszeit	Winter	Frühling	Sommer	Spätsommer	Herbst
Tageszeit	15–19 Uhr	23–1 Uhr	11–15 Uhr 19–23 Uhr	7–11 Uhr	3–7Uhr

Organe und Meridiane

Der menschliche Körper enthält fünf Paar lebenswichtiger Organe, von denen jedes mit einem Element assoziiert ist. Die Elemente wie die Organe ernähren uns und sorgen für alle Funktionen, die zur Aufrechterhaltung des Lebens nötig sind. Ein der Erde zugeordnetes Organ zum Beispiel, der Magen, läßt die Nahrung »reifen und verrotten«, und das Schwesterorgan, die Milz, hilft dabei und transportiert die Nahrung zur nächsten Stufe im Verdauungszyklus.

Das Chi fließt im Körper durch spezielle Kanäle, die man Meridiane nennt. Zu den wichtigsten Meridianen gehören diejenigen, die durch die fünf Paare lebenswichtiger Organe führen. Sie versorgen entweder die Organe mit Energie oder transportieren die Energie, die das jeweilige Organ erzeugt, zu anderen Bereichen des Körpers. So erstrecken sich die Meridiane über den ganzen Körper und verbinden scheinbar nicht miteinander verbundene Teile, wie etwa die Ohren, Arme oder Füße mit den Organen im mittleren Bereich des Körpers, den Nieren, dem Herz oder dem Magen. Außer den fünf Paaren der Organ-Meridiane gibt es vier weitere Hauptmeridiane – den Herzbewahrer, den dreifachen Erwärmer (beide sind Feuer-Meridiane) und das Konzeptions- und Lenkergefäß (Seite 165).

Im Laufe der Jahrhunderte machten chinesische Ärzte die Entdeckung, daß man den Chi-Fluß ausgleichen und harmonisieren kann, indem man an bestimmten Punkten der Meridiane Nadeln in die Haut sticht oder sie mit Fingerdruck behandelt, und daß man dadurch viele Leiden und Fehlfunktionen heilen oder auch verhindern kann. Daraus entstanden Akupunktur und Akupressur und – in Japan – die Shiatsu-Therapie.

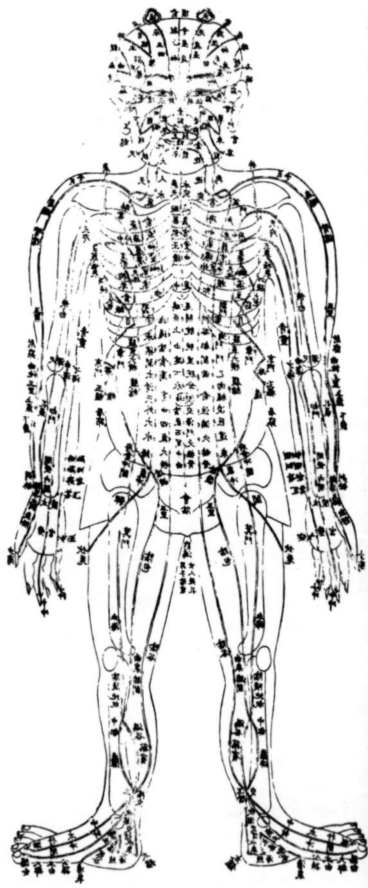

Meridiane und Organe
Die Wege der fünf Meridianpaare verlaufen durch die Organe, nach denen sie benannt sind. Das sind einige der wichtigsten Chi-Bahnen durch den Körper. Die fünf Organpaare – je ein Yin- und ein Yang-Organ in einem Paar – sind für die Aufrechterhaltung der Lebenskraft und die Regulierung des Atems, des Herzschlags, der Verdauung und des Stoffwechsels verantwortlich.

Energiekreislauf

Die fünf Elemente sind durch die Zyklen von Kreation und Kontrolle miteinander verbunden. Im Kreislauf der Kreation fließt das Chi unaufhörlich von einem Element zum nächsten. Wasser verwandelt sich in Holz, um es wachsen zu lassen. Holz brennt und wird zum Feuer, das seinerseits Asche erzeugt und zur Erde wird. Die Erde zieht sich unter Druck zusammen und läßt Metall entstehen, und Metall bringt wieder Wasser hervor.

Im Kreislauf der Kontrolle, der als fünfzackiger Stern dargestellt ist, übt jedes Element einen kontrollierenden Einfluß auf das jeweils nachfolgende aus. So kontrolliert Wasser, mit dem der Kreis beginnt, das Feuer: Zuviel Nässe erstickt es, zuwenig bringt es außer Kontrolle. Auf den menschlichen Körper bezogen kann sich dies als Speichern von Wasser im Gewebe zeigen, wodurch das Herz überlastet wird, oder als Nierenschwäche, die zu hohem Blutdruck führt. Holz kontrolliert Erde: Normalerweise unterstützen die Holz-Organe (Leber, Gallenblase) die Erd-Organe (Milz, Magen) beim Verdauungsprozeß. Aber zu viel Kontrolle – wenn Holz das Element Erde zu sehr beschränkt und angreift – kann zu Verdauungsstörungen oder Geschwüren führen. Feuer kontrolliert Metall: Es produziert die notwendige Wärme. Erde wiederum hält Wasser zurück (bildhaft sind es Erdwälle, die den Fluß des Wassers kontrollieren). Schließlich kontrolliert Metall das Holz-Element, in der Art, wie »zehn tiefe Atemzüge« die Lungen aktivieren und so den Ärger unter Kontrolle halten, der von der Leber aufsteigt.

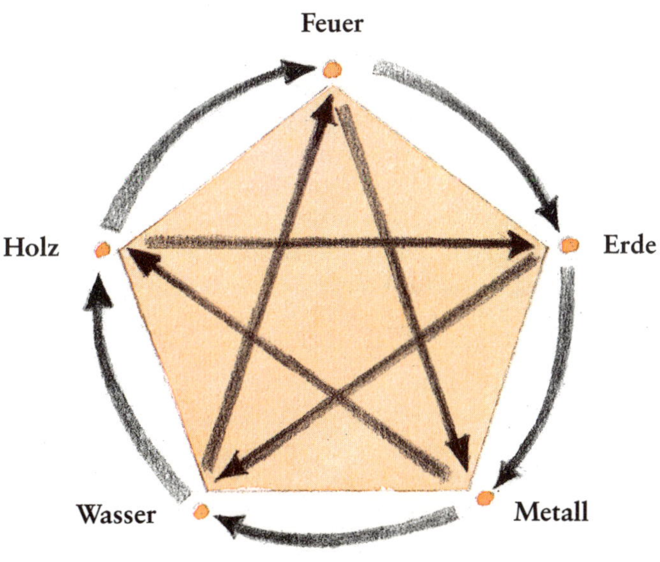

Ausgewogene Ernährung

Es ist eine Binsenweisheit, daß »du bist, was du ißt«. Aber ohne Zweifel bewirkt Nahrung mehr, als nur einfach den Körper anzufüllen. Gesundheit, Stimmung, Lebhaftigkeit und viele andere Aspekte des Lebens werden von dem beeinflußt, was man ißt, wie man ißt und wie die Nahrung zubereitet wird. Die meisten Menschen unseres Kulturkreises wissen wenig über die Zusammenhänge von Qualität der Nahrung und Qualität des Lebens. Die Chinesen hingegen haben darin eine jahrtausendelange Tradition. In den ältesten medizinischen Aufzeichnungen Chinas steht: »Der beste Arzt behandelt die Krankheit, bevor sie auftritt, allein indem er die richtige Nahrung verordnet.« Dieses Wissen um die Bedeutung der Nahrung wird oft mit der Makrobiotik gleichgesetzt; in Wirklichkeit aber ist Makrobiotik eine moderne japanische Erfindung, die wenig mit den chinesischen Vorstellungen gemeinsam hat und diesen in manchen Fällen sogar widerspricht.

Dieser Abschnitt möchte Ihnen die prinzipielle Einstellung der alten Chinesen zur Nahrung näherbringen und Sie anleiten, durch sorgfältige Auswahl der Nahrungsbestandteile (siehe nächste Seite) Ihre Gesundheit zu verbessern und die innere Balance wiederherzustellen. Dazu gehören auch entsprechende Zubereitungsmethoden und eine bestimmte Art des Servierens und Essens (Seite 161).

Jeder Mensch sollte versuchen, seine Ernährung nach den Prinzipien von Yin (kühl oder kalt) und Yang (warm bis heiß) auszurichten. Die vier »Naturen« oder Temperaturen verschiedener Lebensmittel sind auf den Seiten 156–161 zu finden. Es ist auch wichtig, Ihre Ernährung den Jahreszeiten anzupassen. Und achten Sie darauf, daß die Grundnahrungsmittel einen hohen Nährwert haben (siehe Erd-Element-Nahrung, rechts).

Sie sollten Ihre persönlichen Bedürfnisse und die der anderen, für die Sie kochen, berücksichtigen. Die Ernährung verändert sich mit dem Lebensalter: Ein Säugling verträgt zum Beispiel keine zu heiße oder zu kalte Nahrung. Vollkornnahrung, die für Erwachsene sehr wichtig ist, ist für Kleinkinder ungeeignet. In der Pubertät braucht der Körper für sein schnelles Wachstum größere Nahrungsmengen, aber zu fette oder ölige Nahrung kann Toxine erzeugen und Hautprobleme verursachen. Die Ernährung des Erwachsenen sollte vielfältig und ausgewogen sein, um Vitalität und Spannkraft zu erhalten, während man mit zunehmendem Alter, wenn der Körper »abzukühlen« beginnt, die Ernährung der schwächer werdenden Verdauungsfunktion anpassen sollte.

Erd-Element-Nahrung
Als allgemeine Regel kann gelten, daß die Grundnahrung aus vollwertigen Nahrungsmitteln bestehen sollte, die Ihren Magen stärken und in guter Verfassung halten, so daß Sie den größten Teil dessen, was Sie essen, verwerten können. Hierfür sind Nahrungsmittel, die dem Erd-Element zugeordnet sind, besonders gut geeignet. Die Erde wird mit dem süßen Geschmack assoziiert (S. 151). Reis gehört zu Erde, wie auch viele andere alltägliche Nahrungsmittel: Rindfleisch, Kartoffeln, Huhn, Karotten, Kohl, Mais, Äpfel und Bananen. Allerdings hat jedes dieser Nahrungsmittel seine eigene Charakteristik: Wirkungsweise, Temperatur usw.

Nahrungsmitteleigenschaften und -kategorien

Die Chinesen analysieren die Eigenschaften der verschiedenen Nahrungsmittel in vielfältiger Weise. Der Yin- und Yang-Aspekt, der im Hinblick auf die Ausgewogenheit einer gesunden Ernährung die wichtigste Rolle spielt, wird vor allem von ihrer Temperatur oder Beschaffenheit abgeleitet und – vorherrschend – vom Geschmack. Zum Beispiel sind salzige Nahrungsmittel Yin und deshalb mit Wasser und mit den Nieren assoziiert (siehe unten). Es besteht auch eine Beziehung zu denjenigen Meridianen, die mit dem jeweiligen Element und seinen entsprechenden Organen verbunden sind. Auf dieser Grundlage wurden die geeignetsten Nahrungsmitteltypen für jeden Zustand festgelegt. Dieser Raster läßt sich auch auf westliche Nahrung übertragen (siehe Seite 156–161).

Die vier Naturen
Die Eigenschaft, die alle Nahrungsmittel aufweisen, ist die Temperatur (heiß, warm, neutral, kühl und kalt). Damit reicht das Spektrum von Yang (heiß und warm) bis Yin (kühl und kalt). Heiße Nahrungsmittel wärmen uns, kalte kühlen. Neutrale Nahrungsmittel bewirken weder das eine noch das andere und verursachen deshalb kein Ungleichgewicht in der Ernährung. Extreme sind zu vermeiden.

Geschmacksrichtungen
Die Geschmacksrichtungen (salzig, sauer, bitter, süß und scharf/würzig) folgen dem Kreis der fünf Elemente (S. 151) und zeigen an, welches der Organe von einem Nahrungsmittel am stärksten beeinflußt wird. Salziges (Yin, Wasser) besänftigt und schmiert; es ist mit den Nieren verbunden. Saures (Yin, Holz) gehört zur Leber und tendiert mehr zum Verfestigen und Absorbieren. Bitteres (Yin, Feuer) gehört zum Herzen und wirkt trocknend und reinigend. Süßes (Yang, Erde) geht vor allem zur Milz und zum Magen, wo es zum Aufbau der Körpersubstanzen verwendet wird. Scharfes (Yang, Metall) beeinflußt die Lungen, wirkt verteilend – oft durch Schwitzen – und unterstützt den Blutkreislauf.

Die vier Richtungen
Die vier Richtungen (aufsteigend, absteigend, fließend und sinkend) zeigen an, wie ein Nahrungsmittel den Chi-Fluß durch den Körper beeinflußt. Heiße, warme und Yang-schmeckende Nahrungsmittel lassen die Energie aufsteigen und nach außen gehen; kalte, kühle und Yin-schmeckende Nahrungsmittel lassen die Energie fließen oder aufsteigen, schwere Nahrungsmittel, wie Wurzelgemüse und Früchte, lassen sie sinken oder absteigen.

Medizinische Eigenschaften
Nahrungsmittel haben auch eine heilende Funktion – allen voran die Kräuter. Knoblauch, Ingwer und Rosmarin etwa sollen das Chi tonisieren und regulieren, Kälte vertreiben und das Yin beruhigen. Knoblauch wird bei allen möglichen Verdauungsproblemen verwendet. Ingwer ist oft zu Beginn einer Erkältungskrankheit als Heilmittel geeignet. Rosmarin kann man bei Haarausfall und bei verschiedenen Arten von Kopfschmerzen verwenden.

Getreide und Hülsenfrüchte
Neutral: Adukibohnen, Mais, Nierenbohnen, Reis, Roggen
Kühl: Gerste, Buchweizen, Hirse, Sojabohnen, Weizen

Getreide war stets die Grundlage der chinesischen Ernährung. In China ist Reis ein Symbol für Nahrung überhaupt. Getreide fällt hauptsächlich unter die Kategorien kühl und neutral und hat eine kräftigende und ausgleichende Wirkung auf die Körperfunktionen. Im Idealfall sollte es den größten Teil der Nahrung ausmachen. Jede Getreidesorte hat außerdem noch ganz spezifische Eigenschaften.

Mais hilft bei Herzerkrankungen und gestörter Sexualität. Reis ist gut gegen Durchfall, und Roggen, der leicht bitter schmeckt (und damit die Feuer-Organe – Herz und Dünndarm – am besten unterstützt), wird oft als Hilfe bei Migräne genannt.

Weizen, Gerste, Buchweizen und Hirse haben mehr Yin-Qualität, da sie kühl sind; sie bewirken ein Absinken der Energie, wodurch Nieren und Darm eine Unterstützung erhalten. Allein, nicht in Kombination, verzehrt sind sie gut für »heiße« Menschen – solche die mehr Yang- als Ying-Charakteristik aufweisen (siehe Yang und Ying, Seite 150) – und bei heißem Wetter. Bei Kindern und Menschen mit kühlerem, zurückhaltenderem Wesen sollten sie mit warmer Nahrung kombiniert werden, hauptsächlich natürlich im Winter.

Unter den Hülsenfrüchten stärken Aduki- und Nierenbohnen das Yin im Körper; sie helfen auch gegen extreme Flüssigkeitsansammlungen und Schwellungen.
Sojabohnen stärken ebenfalls das Yin, und außerdem sind sie hilfreich bei Erkältungen. Sie wirken sehr vielseitig, einschließlich bei Durchfall, Hautausschlag und Magersucht; aber zuviel sollte man nicht davon essen, sonst wird das Verdauungssystem überlastet und der Chi-Fluß zum Stocken gebracht. Das äußert sich dann in extremer Schleimproduktion, gelblicher Hautfärbung und dem Gefühl von Aufgeblähtsein und Schwere. Ein regelmäßiger Konsum kleiner Mengen Sojabohnen hingegen hält das Verdauungssystem in Gang und dadurch gesund.

Fisch
Heiß: Forelle
Warm: Sardellen, Muscheln, Krabben
Neutral: Hering, Makrelen, Austern, Sardinen, Thunfisch, Weißfisch
Kalt: Krebs, Oktopus

Fische haben ganz unterschiedliche Temperaturen und Wirkungen, und chinesische Ärzte verbieten ihren Genuß weit öfter als den der meisten anderen Nahrungsmittel.

Krebs, ein kaltes Nahrungsmittel, kann Hitze aus dem Körper treiben (allerdings nicht die Hitze, die durch eine Infektion verursacht wurde). Die Forelle hingegen ist heiß und kann jemandem helfen, der kalt ist. Zu viel davon kann jedoch brennenden und juckenden Hautausschlag verursachen; dasselbe gilt für den Oktopus und den Hering und einige andere Meeresfrüchte, von denen man im Westen weiß, daß sie allergische Reaktionen hervorrufen können.

Muscheln und Sardellen sind warm und regen das Chi an. Muscheln wirken ganz besonders auf die Nieren und haben damit Einfluß auf alle Zustände, die mit Schmerzen und Schwäche im unteren Rücken und im Unterbauch verbunden sind. Bei Schwindel und Nachtschweiß, aber auch bei Hexenschuß und Unterleibsschmerzen wird Muscheln heilsame Wirkung zugeschrieben.

Hering, Makrele und Weißfisch sind eher neutral und wirken allgemein tonisierend. Weißfisch beeinflußt die Lungen, wirkt auf den Magen und die Leber und hilft bei Verdauungsstörungen und Appetitlosigkeit. Hering und Makrele werden oft bei Erschöpfung verordnet. Makrele hilft außerdem bei jener Art von Rheumatismus, die sich bei feuchtem Wetter verschlimmert.

Austern werden in der chinesischen Medizin zur Tonisierung des Yin verwendet, außerdem sind sie hilfreich bei Schlafstörungen, Nervosität und Entschlußlosigkeit. Wie Sardinen und Krabben bessern sie die Verdauung und erwärmen den Magen. Man sollte sie jedoch nicht essen, wenn man erhöhte Temperatur hat oder ein dominierender (heißer) Yang-Typ ist.

Fleisch und Eier
Heiß: Hammel
Neutral: Rind, Ente, Lamm, Schwein, Rinderleber, Eier
Warm: Huhn, Lammnieren, Hühnerleber

Fleisch hat ganz allgemein eine kräftigende Wirkung auf den Fluß des Chi und das Blut, weshalb man Genesenden gern Rindfleisch- oder Hühnerbrühe verordnet. Die meisten Fleischsorten sind neutral bis warm und haben einen etwas süßlichen Geschmack (Erde); sie wärmen und stärken den Magen und die Milz, doch man sollte keine großen Mengen davon essen.

Hammelfleisch gibt man, weil es heiß ist, bei Symptomen der Kälte, wie etwa bei kalten Bauchschmerzen oder Kältegefühlen nach einer Entbindung. Es eignet sich nicht bei heißen Symptomen.

Schweinefleisch ist neutral und salzig – es heißt, daß es Trokkenheitszustände zum Verschwinden bringt, weshalb man es bei trockenem Husten und Verstopfung ißt.

Nierengerichte sind gut für die Nieren, Leber ist gut für die Leber. Schwächezustände oder eine allgemein labile Gesundheit behandelt man mit Enten-, Rinder- oder Hühnersuppe.

Hühnereier sind neutral und süßlich und kräftigen sowohl das Chi als auch das Blut. Sie werden zum Verzehr empfohlen, um trockenen Husten, Halsschmerzen und Bindehautentzündung zu behandeln.

Milchprodukte
Warm: Butter
Neutral: Kuhmilch, Muttermilch

Die Chinesen essen im allgemeinen keine Milchprodukte; Käse ist in den meisten Provinzen Chinas völlig unbekannt. Dies ist teilweise darauf zurückzuführen, daß Milchprodukte in vielen Landesteilen einfach nicht erhältlich sind; außerdem gelten sie als exzessive Schleimerzeuger; nach chinesischer Meinung erzeugen sie auch Niedergeschlagenheit und Depression.

Auf alle Arten von Milchprodukten sollte verzichtet werden, wenn man schleimigen Husten oder Erkältungen hat. Kuhmilch eignet sich jedoch in diversen anderen Fällen; sie ist neutral, schmeckt süßlich und hat eine tonisierende Wirkung auf den Magen und die Lungen, da sie Flüssigkeit erzeugt und so den Darm anregt. Menschliche Milch wird als Blutstärkungsmittel und als Gleitmittel bei innerer Trockenheit verwendet. Butter ist warm und süß und hat eine positive Wirkung auf viele innere Organe.

Milchprodukte sind reich an Cholesterin, und wenn man zu große Mengen davon ißt, wie das bei den meisten westlichen Menschen der Fall ist, kann das zu Übergewicht, Herzproblemen und vielen damit verbundenen gesundheitlichen Störungen führen.

Früchte und Nüsse
Warm: Kirschen, Edelkastanien, Pfirsiche, Piniennuß, Erdbeeren, Walnuß
Neutral: Mandeln, Kokosnuß, Feigen, Trauben, Oliven, Erdnuß, Ananas, Pflaumen, Himbeeren
Kühl: Äpfel, Birnen, Mandarinen
Kalt: Bananen, Wassermelonen

Die meisten Früchte und Nüsse sind süß, obwohl einige – wie Oliven, Pfirsiche und Pflaumen – zugleich auch sauer sind. Das bedeutet, daß sie am stärksten auf das Verdauungssystem wirken. Der süße Geschmack beeinflußt den Magen und die Milz, der saure die Leber.

Viele Früchte, wie Bananen, Pfirsiche und Birnen, regen die Feuchtigkeitsproduktion im Körper und den Darm an. Erdnüsse haben eine ähnliche Wirkung.

Manche Früchte sind besonders gut bei heißen, trockenen Lungen – darunter Mandeln, Oliven, Pfirsiche, Birnen, Mandarinen und Wassermelonen. Sie sollten sich dieser Wirkungen bewußt sein, denn wenn Sie zuviel Früchte oder Nüsse essen, entsteht zuviel Flüssigkeit und damit Durchfall oder verschleimte Lungen (Unmengen von Erdnüssen sind besonders schädlich).

Früchte senken die Körpertemperatur – und die kältesten haben die dramatischsten Wirkungen. Versuchen Sie einmal, nach einem scharfen Curry- oder Chiligericht ein Glas Wassermelonensaft zu trinken! Zusammen mit Äpfeln und Ananas sind diese kühlen und kalten Früchte besonders dazu geeignet, einen Hitzschlag zu behandeln. Andererseits haben sie auch sehr unangenehme Wirkungen, wie Durchfall oder Magenschmerzen, wenn man große Mengen davon ißt – und dies um so mehr, wenn man sich in einem eher kalten Zustand befindet. Diese eher negativen Eigenschaften sind bei einem empfindlichen Verdauungssystem – wie dem kleiner Kinder, auch alter Menschen und Kranker – zu berücksichtigen; Bananen können zum Beispiel sehr schmerzhafte Koliken auslösen, wenn zu viele gegessen werden.

Einige Früchte gelten als besonders stärkend und die Körperenergie aufbauend. Deshalb gibt man Rekonvaleszenten gern Trauben. Aber man sollte dabei vorsichtig sein: Kalte oder schwerverdauliche Früchte, wie etwa Pflaumen und Kirschen, sind nicht zu empfehlen. Grundsätzlich sollte man darauf achten, nicht zu große Mengen eines bestimmten Nahrungsmittels zu essen; ganz besonders trifft dies auf Früchte zu.

Die meisten Nüsse haben eine weniger heftige Wirkung, und einige Nußarten gelten als überaus nahrhaft. Kokosnüsse etwa werden als neutral bezeichnet und sind zur Behandlung von unterernährten Kindern geeignet. Edelkastanien, die warm und süß sind, haben eine nährende Wirkung auf die Nieren und werden manchmal auch gegen Erbrechen verwendet. Piniennüsse, ebenfalls warm und süß, sind heilsam für die Lungen, den Dickdarm und die Leber. Walnüsse, die das Yin beruhigen und die Nieren kräftigen und stärken, werden im allgemeinen zur Behandlung von Asthma, hartnäckigem Husten, Hexenschuß und Impotenz empfohlen.

Früchte der Jahreszeiten (rechts)
Der natürliche Zyklus der lokalen ländlichen Produkte spielt in den weniger entwickelten Teilen Chinas immer noch eine große Rolle. Was eine Saison gerade hervorbringt, ist meist das Richtige für eine ausgeglichene Ernährung in dieser Jahreszeit.

Gemüse
Warm: Lauch, Zwiebeln
Neutral: rote Bete, Kohl, Karotten, Erbsen, Kartoffeln, Kürbis, Steckrüben, Süßkartoffeln
Kühl: Sellerie, Gurken, Lattich, Pilze, Rettich, Spinat, Wasserkresse
Kalt: Spargel, Bambussprossen, Tomaten

Im allgemeinen gibt es für Gemüse weniger Gegenanzeigen als für andere Nahrungsmittel (im Westen würden wir sagen, daß sie weniger allergische Reaktionen auslösen), und sie haben viele heilsame Eigenschaften. Sommergemüse sind kühl und deshalb bei heißem oder warmem Wetter geeignet, während Wurzelgemüse wärmende Eigenschaften besitzen und deshalb am besten in den Wintermonaten gegessen werden. Gemüsesuppen können ausgesprochen heilsame und vielfältige Wirkungen haben, wenn man die einzelnen Zutaten sorgfältig auswählt und schonend zubereitet.

Eine ganze Reihe von Gemüsen beeinflußt die Verdauung, vom wärmenden Effekt von Kohl, Lauch, Rüben und Süßkartoffeln (die bei Kälte und Durchfall helfen) bis zur kühlenden Wirkung von Sellerie, Gurke, Pilzen, Rettich, Tomaten und Wasserkresse.
Geben Sie Kindern nicht zuviel Gurken und Tomaten – diese kühlenden Gemüse können leicht ihr empfindliches Verdauungssystem stören und Koliken oder Durchfall hervorrufen. Sellerie ist ebenfalls kühl und geht in dieser Richtung noch weiter: Man verordnet ihn im Frühstadium von Bluthochdruck und bei irrationalen, heftigen Wutanfällen.
Die kühlen Nahrungsmittel haben vielfältige Heilwirkungen. Gurke verringert beispielsweise den Durst, lindert depressive Zustände und wird bei Halsentzündungen, Bindehautentzündung und leichteren Verbrennungen verordnet.
Manche Gemüse sind ausgesprochen kalt, wie etwa Spargel, den man bei der Behandlung von Krankheiten mit extremer Hitzeentwicklung – wie Diabetes – verwendet, und auch bei heißer, trockener Verstopfung.
Die kalten Gemüse sind ungeeignet, wenn jemand unter starken Kältegefühlen leidet.
Warme Gemüse bieten sich von selbst in der winterlichen Jahreszeit an. Wenn das kalte und nasse Wetter uns zu schaffen macht und die ersten Erkältungen mit sich bringt, so kann man diese im Frühstadium mit der bescheidenen Zwiebel behandeln; sie hilft, die Infektion auszuschwitzen. Kohl wärmt und regt die Verdauung an. Andere Gemüse haben spezielle Wirkungen auf bestimmte Körperbereiche: Spinat hilft bei einer Neigung zu Blutungen und reichert das Blut an; rote Bete und Rettich sind gut für das Zwerchfell und die Brust, und die gewöhnliche Kartoffel, die bei den Chinesen hohes Ansehen genießt, gilt als hervorragendes Stärkungsmittel für die Nieren und die männlichen Sexualorgane.

Kräuter, Gewürze, Würzen, Zucker
Heiß: schwarzer Pfeffer, Cayennepfeffer
Warm: Basilikum, brauner Zukker, Kardamom, Koriander, Fenchelsamen, Knoblauch, Senf, Muskatnuß, Rosmarin, Essig
Neutral: weißer Zucker
Kühl: Majoran, Pfefferminze
Kalt: Salz

Kräuter, Würzen und Gewürze spielen eine wichtige Rolle bei der Zubereitung von Nahrung, und man kann sie in einer Weise verwenden, die sich an die chinesische Kräutermedizin anlehnt. Wenn man die Kräuter und Gewürze richtig verwendet, können sie die Gerichte ausbalancieren und sie der Persönlichkeit, der Tageszeit und der Jahreszeit anpassen.
Viele Kräuter sind auch bekannte Heilmittel, und die Wirkungen, die ihnen zugesprochen werden, sind oft sehr komplex. Kräuterärzte verordnen sie vielleicht in großen Dosierungen, doch im Essen sollten sie nur in kleinen Mengen verwendet werden, gerade so viel, um die Mahlzeit geschmacklich zu verbessern und die Verdauung zu fördern.
In manchen Fällen wird der Kräuterarzt ein bestimmtes Kraut oder Gewürz verbieten: Wenn der Patient beispielsweise zu heiß ist, sind die heißen und warmen Gewürze nicht geeignet. Gewürzkräuter haben meist einen scharfen Geschmack, und das bedeutet, daß sie spezielle Wirkungen auf die Lungen haben, gegen lokalen Blutandrang helfen und das gesamte System reinigen. Sie sind ganz allgemein nützlich, besonders aber im Frühstadium von fiebrigen Erkältungen oder Grippe.

Zubereitung und Verzehr

Abgesehen von der Theorie der Nahrungsmitteleigenschaften gibt es viele weitere praktische und wichtige Aspekte im Hinblick auf eine ausgewogene Ernährung. Die Chinesen haben eine ganz besondere Vorstellung, nicht nur, was die Zubereitung und das Kochen, sondern auch, was das Servieren und Essen selbst betrifft. Wie in allem, was mit dem Tao (Weg) zu tun hat, sollten Sie auch hier Extreme vermeiden. Hüten Sie sich zum Beispiel davor, von einem bestimmten Nahrungsmittel oder einer sehr heißen oder sehr kalten Substanz zu viel zu essen. Abwechslung in der Ernährung ist der Schlüssel zur Ausgewogenheit. Die Chinesen bieten zu jeder Mahlzeit meh rere verschiedene Gänge an, so daß jeder eine Vielzahl an Vitaminen, Mineralien und anderen lebenswichtigen Stoffen zu sich nimmt. Ein qualifizierter chinesischer Koch wird eine Mahlzeit hinsichtlich der Eigenschaften der Zutaten, der Kochmethode und der Saucen, Kräuter oder Gewürze geschickt ausbalancieren. Aber auch Sie können Ihre Mahlzeiten auf eine Weise zusammenstellen, in der heiße Nahrungsmittel durch kalte, saure durch süße und so fort ergänzt werden. Auch die Qualität der Nahrungsmittel spielt eine große Rolle.

Im allgemeinen wenden die Chinesen mehr Zeit für die Zubereitung ihrer Nahrung und weniger für das Kochen auf, als es im Westen üblich ist. Wenn man die Zutaten in kleine Stücke schneidet, sind sie leichter zuzubereiten, zu kauen und zu verdauen. Man kann Kleingeschnittenes auch sehr schnell kochen, und auf diese Weise gehen weniger Nährstoffe verloren. Stopfen Sie sich niemals voll; das vermeidet man am besten dadurch, daß man aufhört zu essen, bevor man ganz satt ist. Zu viel Essen überbeansprucht das Verdauungssystem. In China dauert eine Mahlzeit länger als im Westen – dadurch wird die Nahrung besser aufgenommen und verwertet, und die Verdauungsorgane werden geschont. Die meisten Chinesen legen sehr viel Wert darauf, ihre Mahlzeiten regelmäßig und gemeinsam mit allen Familienmitgliedern einzunehmen. Jeder ist bemüht, daß Junge und Alte die für sie beste Nahrung erhalten. Und es fühlt sich auch jeder verantwortlich für das, was er ißt. Füreinander Nahrung zuzubereiten, sie gemeinsam zu verzehren und miteinander zu teilen gehört zu den ältesten Traditionen menschlicher Kultur, und auf diese Weise wird mehr als nur der Körper genährt. Denken Sie stets daran, daß es nicht nur gut ist zu essen, sondern auch, sich überlegt zu ernähren und miteinander zu teilen.

Chinesische Kochmethoden
In China ist das Dämpfen die übliche Art, Gemüse oder Fisch zu kochen, da auf diese Weise die meisten Nährstoffe erhalten bleiben. Fleisch wird selten gebraten, denn dadurch werden unnötige Yang-Hitze und ungesundes Fett hinzugefügt. Das Fritieren geschieht immer sehr schnell, in rauchendem heißem Öl, so daß keine ungesunden Mengen von Fett absorbiert werden und die Struktur erhalten bleibt.

Ausgleich der Emotionen

Ein starkes Gefühl von Ruhe und Beherrschtheit ist eines der ersten Resultate des Trainings der sanften Künste. Das Gefühl einer größeren Beherrschung seiner selbst und seines Schicksals wird wachsen, und man wird sensibler für die Gefühle der Menschen in seiner Umgebung.

Jeder Mensch hat eine besondere Verbindung zu einem der fünf Elemente (Seite 151) und den ihnen zugeordneten Emotionen. Zu jedem Element gehören zwei Arten von Emotionen: eine positive und eine negative (siehe rechts); sie verhalten sich zueinander wie die Elemente im Elemente-Kreis (Seite 153).

Wasser versorgt uns mit dem Willen, dem Ansporn, etwas zu erreichen. Es ist auch der Antrieb für den Ehrgeiz und beherrschend dafür, wie wir durch das Leben »fließen«, indem wir Hindernissen aus dem Weg gehen und uns Herausforderungen stellen. Sie werden von Ängsten geplagt sein, wenn Ihr Wasser-Element nicht in Ordnung ist. Im Kreis des Schöpferischen führt das Streben des Wassers zur Fähigkeit, die Zukunft zu planen und kontrollierend auf sie einzuwirken.

Holz ist mit Erschaffen, Struktur und Form verbunden, auch mit dem Schaffen von Begrenzungen und dem Gestalten Ihres Lebens. Sie brauchen nur ein Kind anzuschauen, dem kein Gefühl für Regeln vermittelt und keine Grenzen gesetzt wurden, um zu sehen, warum die negative Seite des Holz-Elements Zorn ist.

Feuer versorgt uns mit der Fähigkeit zur Freude. Es ist die Fröhlichkeit und Lebensfreude, die andere ausstrahlen und die uns ansteckt, und es ist die Wärme, die wir fühlen, wenn wir mit jemandem zusammen sind, den wir lieben. Wenn das Feuer erlischt, verliert der Mensch jegliche Freude, und ein totaler Verlust kann sogar das Herz zum Versagen bringen.

Erde gibt ein Gefühl von Sicherheit und »Erdung«, man fühlt sich gefestigt und am richtigen Platz in seinem Leben. Sie gibt der Feuer-Freude Dauer – ohne Erde hat das Feuer keinen Ort, wo es brennen kann. Erde befähigt auch, sich von anderen innerlich berühren zu lassen und zu verstehen, wie sie uns beeinflussen.

Von Erde kommt Metall, dasjenige Element, durch das man die Qualität in sich selbst, in den anderen und in der Welt erkennen kann. Es vermittelt uns den Wert von allem und jedem: Ohne Metall würden wir vom Gefühl des Verlustes überwältigt werden. Doch kann Metall auch zu einer endlosen Suche nach dem Sinn des Lebens führen – und zu Gurus, die unweigerlich die großen Erwartungen nicht erfüllen.

Wasser (Nieren)
Wille, Ehrgeiz, Festigkeit
Terror, Angst

Holz (Leber)
Schaffensdrang
Zorn, Unwille oder Frustration

Feuer (Herz)
Freude
Mangel an Freude und Liebe

Erde (Magen)
Berührtsein und Empathie, Konzentration, Gedächtnis
Besorgtheit, unangemessene oder überschwängliche Sympathie

Metall (Lungen)
Leidensfähigkeit, Wertgefühl
übertriebenes oder unangemessenes Leiden, Gefühl für Mangel und Verlust

Die Kreise der Emotionen
Im Kreis des Schöpferischen nährt jedes Element seinen Nachbarn mit positiven oder negativen Emotionen. Angst erzeugt Wut, aber Wille und Ehrgeiz können das Holz-Element wachsen lassen. Im Kreis der Kontrolle gleicht ein Zustand den anderen aus, entweder im förderlichen oder im destruktiven Sinn: Freude kann Traurigkeit dämpfen, aber ein Mangel an Freude ermöglicht es dem Leiden, sich in den Vordergrund zu drängen.

Harmonische Beziehung (rechts)
Benachbarte Elemente, wie etwa Feuer und Erde, können besonders harmonische Partnerschaft bedeuten.

Sexuelle Ausgeglichenheit

Wenn man mit der Sexualität auf eine natürliche Weise umgeht, ist sie ein überaus wohltuender Aspekt des Lebens, der uns zu größerer Harmonie miteinander und mit der Welt verhilft. Doch allzuoft führt ein Mangel an Verständnis und Wissen zu sexuellen Problemen und Unausgeglichenheit. Taoistische Meister verfügen über ein sehr hohes Wissen um die sexuellen Abläufe, und zur Philosophie der sanften Künste gehören auch spezielle Lehren über den Umgang mit Sexualität.

Man kann neben den sanften Künsten auch die sexuellen Künste erlernen. Die Chinesen bezeichen sie als sexuelles Kung Fu. Jing oder sexuelle Energie ist eine andere Form des Chi, und letztendlich geht es bei beiden um die Entwicklung des Chi-Energie-Systems. Es gibt viele chinesische Ratgeber darüber, wie man ein normales, gesundes Sexualleben führen kann; dazu gehören auch körperliche Übungen, Kräuterarzneien und andere potenzsteigernde Mittel.

Nach chinesischer Vorstellung ist das Eindringen eines Spermas in ein Ei der ursprüngliche Akt des sexuellen Kung Fu im Zweikampf von Yin und Yang. Nach der traditionellen Theorie ist Jing die Quelle allen menschlichen Lebens: Es produziert Sperma und Ovum und wird in den Nieren gespeichert. Jede Übung, die den Fluß dieser Energie regelt, ist gut für Gesundheit und Wohlbefinden. Jing wird als die reine, fast ätherische Form der Energie betrachtet, die sich leicht in andere Formen von Chi umwandeln läßt, um sich dann in anderen Teilen des Körpers auszubreiten.

Es gibt im Taoismus zwei Denkrichtungen, wie das Jing zu regulieren ist. Die eine besagt, daß ein ausgeglichenes Sexualleben zu langem Leben und Gesundheit führt. Die andere Richtung verficht das Konzept extremer Zurückhaltung. Das Zurückhalten des Spermas, sei es durch Abstinenz oder durch Verhindern der Ejakulation, wird als Schlüssel zu spiritueller Entwicklung und Langlebigkeit betrachtet. Auch hier befassen sich die Meister mit dem Chi, aber in diesem Fall geht es darum, das Jing in andere Formen von Chi umzuwandeln, um Körper und Geist zu bereichern. Es ist möglich, daß Sie beim Erlernen der sanften Bewegungskünste das Gefühl haben, sich für einige Zeit der sexuellen Aktivität enthalten zu wollen. Abstinenz kann Ihr Chi konzentrieren und entwickeln, und viele Menschen, die ihre Partnerbeziehung durch ein ausgeglichenes Sexualleben bereichern möchten, werden feststellen, daß eine gewisse Zeit der Abstinenz recht nützlich sein kann.

Innere Energie-Umlaufbahn

Wenn Ihr Jing (sexuelle Energie) in Chi umgewandelt ist, fließt es in zwei Hauptmeridianen: im Konzeptions-Gefäß und im Lenker-Gefäß. Diese beiden Meridiane sind von fundamentaler Bedeutung für den Energiefluß, da sie alle lebenswichtigen Organe und Drüsen und die Wirbelsäule miteinander verbinden. Sie transportieren den sexuellen Strom – das in Chi umgewandelte Jing – aus den Genitalien in alle Richtungen des Körpers. Die Energie kann innerhalb der Kanäle auf und ab fließen; sie kann aber auch in einer Art Schlinge oder Umlaufbahn in beiden Richtungen um die Kanäle herumfließen. Das belebt den Körper und verleiht mehr Energie für die Entwicklung spiritueller Kraft.

Die tiefe Bahn (oben)
Die tiefe Bahn verläuft in einer S-förmigen Kurve von der Zunge bis zum Damm. Dadurch ergibt sich eine Yin-Yang-Unterteilung: Die Vorderseite ist Yin, die Rückseite Yang.

Die Oberflächenbahn (unten)
Das Konzeptions-Gefäß verläuft entlang der Wirbelsäule und über den Schädel; das Lenker-Gefäß halbiert die Körpervorderseite.

Aufladung der inneren Energie-Umlaufbahn
Man kann die Umlaufbahn öffnen, indem man einfach stillsitzt und einige Minuten lang den Geist die innere Umlaufbahn (siehe rechts) entlangwandern läßt und den Chi-Fluß zu spüren versucht.

Es gibt auch eine ausgezeichnete Atemübung, um die Umlaufbahn wie unten beschrieben zu öffnen. Am besten wenden Sie ein paar Atemtechniken von Seite 167–169 an. Ziel ist, Sie für den Energiefluß zu sensibilisieren. Es bedarf großer Konzentration, das Chi die richtige Bahn entlangzuführen, damit sich das Gefühl für den Energiefluß entwickeln kann. Sie atmen ein und folgen dabei dem Konzeptions-Gefäß (Yang), beim Ausatmen folgen Sie dem Lenker-Gefäß (Yin). Beginnen Sie mit einem sanften Einatmen. Das Chi tritt als Luft durch die Nase in Ihren Körper ein. Spüren Sie, wie es zwischen den Augen aufsteigt und über die Stirn und den Schädel fließt, bis es die Schädelmitte erreicht hat. Spüren Sie dort das Prickeln und die Leichtigkeit. Folgen Sie dann der Energie über den Hinterkopf abwärts und in die Wirbelsäule, hinunter bis zum Damm zwischen Ihren Beinen. Am Ende des Ausatmens wirbelt es vorwärts in das Tan Tien. (Obwohl die Meridiane am Damm zusammentreffen, verlangt diese Übung, daß Sie im Tan Tien mit dem Ausatmen beginnen.) Spüren Sie, wenn Sie auszuatmen beginnen, wie das Chi aus dem Tan Tien tritt und langsam in Ihnen aufsteigt: durch den Magen, den Solarplexus, in die Lungen – und schließlich durch den Mund als warmer, feuchter Atem wieder nach außen geht.
Halten Sie die Zungenspitze in Berührung mit dem Gaumen, um den Kreislauf zu vervollständigen und dem Chi zu ermöglichen, durch den ganzen Körper zu fließen. (Deshalb führen Sie auch die T'ai-Chi-Kurzform und die Übungen anderer sanfter Künste mit der Zunge am Gaumen aus.)

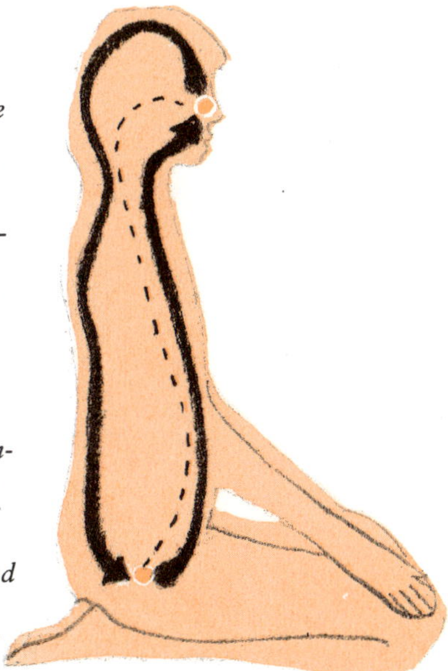

Meditation und Atmung

Jede der sanften Bewegungskünste im ersten Teil des Buches repräsentiert gewissermaßen eine Art spiritueller Schulung, da die Übungen Sie auf ganz natürliche Weise zum Zentrum Ihres Wesens führen: Ihrem Geist oder Ihrer Seele. Sie lernen, Körper, Verstand und Psyche auszugleichen und zu harmonisieren. Der wahrscheinlich direkteste Weg, um mit dem Zentrum in Verbindung zu kommen, ist die Wahrnehmung des Chi-Flusses durch den Körper. Diese entwickeln Sie durch die »Meditation in Bewegung«, die Übungen der sanften Künste. Sie können den Energiefluß auch wahrnehmen, wenn Sie stille Meditation üben und auf diese Weise Ihre Sensibilität steigern. Chi nährt den Geist, indem es den Energiehaushalt des Körpers und das Denken ordnet.

Wenn Sie täglich meditieren, und sei es auch nur für kurze Zeit, entsteht in Ihnen ein Reservoir an Kraft. Der Geist ruht, der Körper entspannt sich, und der Fluß von Atem und Blut verbessert sich. Sie können bei allen möglichen Gelegenheiten meditieren, etwa wenn Sie im Bus oder Zug unterwegs sind oder bei der Arbeit eine Pause machen. Sitzen Sie dabei aufrecht auf einem Stuhl oder mit gekreuzten Beinen auf dem Boden, oder knien Sie auch, mit dem Gesäß auf den Füßen. Wenn Sie zu Angespanntheit neigen, machen Sie vorher ein paar Chi-Gong- oder T'ai-Chi-Übungen.

Meditieren
Am besten meditieren Sie täglich zur gleichen Zeit. Wählen Sie dazu einen Platz, an dem Sie nicht gestört werden. Atmen Sie langsam, tief und natürlich mit dem Zwerchfell (dies ist der einfache Yang-Atem, S. 25). Versuchen Sie, Ihren Geist von Sorgen und Bedrückung zu befreien und innerlich ruhig und gesammelt zu werden. Dabei hilft Ihnen vielleicht die Konzentration auf eine Meditationsmusik oder einen bestimmten Klang oder Ton, so wie Inder und Tibetaner immer und immer wieder das heilige Wort OM wiederholen. Auch ein Mandala, ein Meditationsbild, ist hilfreich.

Atmen Sie langsam und tief, bis Sie sich ruhig fühlen, und bleiben Sie einige Zeit in dieser Haltung. Sie brauchen keine bestimmte Zeitdauer zu planen, da es ja darum geht, zu lernen, über die engen Grenzen von Raum und Zeit hinauszugelangen und eine Ebene zu erreichen, wo eine Minute nicht mehr und nicht weniger bedeutet als eine Stunde oder ein Augenblick. Wenn Sie diese Erfahrung gemacht haben, und sei es auch nur flüchtig, sind Sie einen großen Schritt weitergekommen.

Kniende Haltung
Die bei Anhängern der Bewegungskünste übliche Meditationshaltung ist der japanische Sitz, die kniende Haltung. Sie sitzen auf oder zwischen den Fersen, und die Hände ruhen auf den Oberschenkeln.

Atemübungen

Das Atmen sollte die einzige bewußte Aktivität bei dieser Art von Meditation sein; sie zu kontrollieren, ist die zentrale Methode zur Entwicklung der Konzentrationsfähigkeit. Die Taoisten kennen viele anspruchsvolle Atemtechniken – wie etwa die Übung auf Seite 165 oder das Sechs-Klänge-Atmen auf Seite 169, die man unter anderem auch zur Prophylaxe und als Therapie bei Erkrankungen der inneren Organe anwendet. Doch es gibt drei einfache, grundlegende Atemweisen: Yin, Yang und Yin-Yang.

Die erste ist die Yin-Atmung: ein flaches Atmen mit dem Brustkorb, wobei sich die Schultern mit jeder Atembewegung heben und senken. So atmen viele Erwachsene, aber dadurch wird nur wenig Sauerstoff aufgenommen, und Sie haben wenig Nutzen davon. Es gibt jedoch eine Variante des Yin-Atmens, die sehr wirkungsvoll ist, wenn man sie genau nach Anweisung praktiziert (siehe unten). Der Yang-Atem, ein tiefes, regelmäßiges Ein- und Ausatmen mit dem Zwerchfell, ist auf Seite 25 beschrieben. In diesem Fall wird das Zwerchfell beim Einatmen nach unten gedrückt und bewirkt so eine Massage der inneren Organe. Diese Atmungsform wird in der Meditation angewendet und hilft, den Chi-Fluß auszugleichen (eine weitere Yang-Übung finden Sie auf der folgenden Seite).

Yin-Atemübung
Diese Übung ist sehr entspannend. Setzen Sie sich auf einen Stuhl, und stützen Sie den rechten Ellbogen auf den Tisch. Legen Sie den rechten Zeigefinger auf die Nasenwurzel zwischen den Augen. Verschließen Sie das rechte Nasenloch mit dem rechten Daumen, und atmen Sie in die Brust, bis sie gefüllt ist; atmen Sie dann wieder aus, bis sie ganz leer ist. Lassen Sie nun das rechte Nasenloch los, und schließen Sie das linke mit dem rechten Mittelfinger. Atmen Sie wieder langsam ein und aus. Fünfmal wiederholen.

Yang-Atemübung

A *Stehen Sie mit schulterbreit gegrätschten Beinen. Atmen Sie kräftig durch die Nase ein, und halten Sie dabei die Hände mit nach vorn weisenden Handflächen vor sich bis in Schulterhöhe. Atmen Sie langsam, aber kräftig durch den Mund aus, und strecken Sie dabei die Arme ganz nach vorn.*

A

B *Atmen Sie wieder durch die Nase ein, und nehmen Sie dabei die Hände wieder zu den Schultern zurück. Strecken Sie diesmal beim Ausatmen die Arme nach beiden Seiten.*

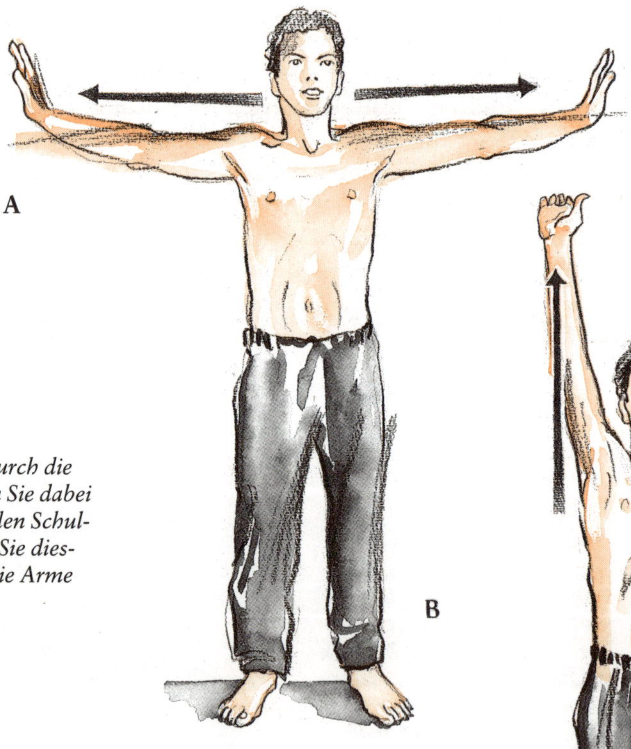

B

C *Atmen Sie durch die Nase ein, und nehmen Sie dabei die Hände zu den Schultern zurück. Atmen Sie dann durch den Mund aus, und strecken Sie dabei beide Arme nach oben.*

C

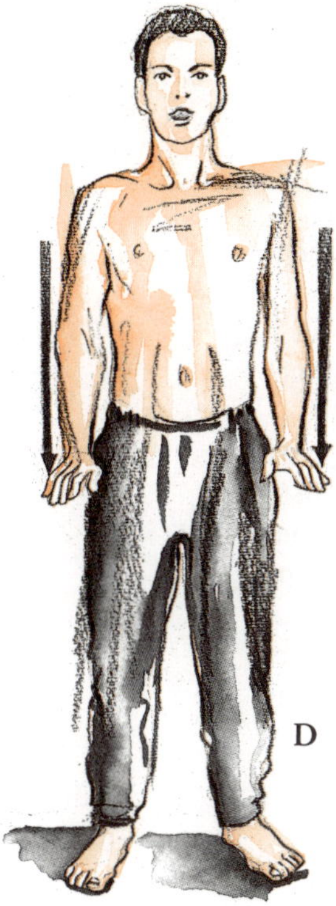

D

D *Atmen Sie schließlich noch einmal ein, nehmen Sie dabei die Hände zu den Schultern zurück, und strecken Sie die Arme beim Ausatmen nach unten. Wiederholen Sie die ganze Serie.*

Yin-Yang-Atemübung
Setzen Sie sich entweder auf einen Stuhl oder ein Sitzkissen; legen Sie die rechte Hand auf das Tan Tien und die linke auf den Solarplexus (im Rippenwinkel über dem Magen). Atmen Sie tief durch die Nase ein, und spüren Sie, wie die rechte Hand durch die Luft nach außen gedrückt wird. Halten Sie den Atem an, drücken Sie mit der rechten Hand nach innen, wodurch die Luft zum Solarplexus hochgeschoben wird. Drükken Sie nun mit der linken Hand die Luft weiter nach oben in die Brust. Atmen Sie langsam weiter aus, bis Ihre Brust flach und leer ist. Drücken Sie nach dem Ausatmen noch einmal sanft nach innen, erst mit der linken, dann mit der rechten Hand. Erst dann sollten Sie zum erneuten Einatmen ansetzen. Wiederholen Sie die Übung mindestens fünfmal.

Sechs-Klänge-Atmen
Jeder Klang wirkt auf ein bestimmtes Organ, und man wendet diese Übung zur Heilung von Störungen, die mit einem dieser Organe zusammenhängen, aber auch zur Prophylaxe an. Um alle Organe gesund zu erhalten, wird jeder Klang fünf- bis zehnmal wiederholt.
Setzen Sie sich mit geradem Rücken auf einen Stuhl oder ein Sitzkissen. Atmen sie den entsprechenden Klang tönend aus, mit einem raschen, aber nicht zu heftigem Ausatmen. Wenn ein Organ krank ist, sollte sein entsprechender Klang 36mal hintereinander »ausgeatmet« werden.

Sechs Klänge

Nieren: FU

Leber: SCHU

Herz: HA

Milz: HU

Lungen: SSSS

Solarplexus: SCHI

Die Balance finden

In dem Maß, wie Sie in den sanften Künsten Fortschritte machen, werden Sie feststellen, daß sich die Wahrnehmung Ihrer eigenen Person verändert. Sie bekommen mehr Gefühl für Ihren Körper, für seine Größe, seine Gestalt und sein Gewicht. Sie sind ausgeglichener und machen die Erfahrung, daß Sie Ihren täglichen Verpflichtungen mit dem ihnen angemessenen Energieaufwand nachkommen. Sie investieren weder zuviel noch zuwenig. Ihre Bewegungen werden ökonomischer, und selbst unangenehme Aufgaben erledigen Sie ohne übermäßige Anstrengung. Ihr Geist wird ruhiger, unabhängiger – doch zugleich auch sensibler für Ihre eigene und anderer Menschen Befindlichkeit. Ihr wachsendes Verständnis der sanften Künste wird Sie bei Auseinandersetzungen schützen. Aber es gibt noch viele andere gute Gründe, Körper und Geist zu schulen. Wenn Sie zum Beispiel etwas Schweres heben müssen, hilft Ihnen der T'ai-Chi-Schritt zurück, wie Schritt 3b von Schritt 24 der Kurzform (Seite 96), denn diese Fußstellung und Gewichtsverteilung ermöglichen Ihnen, sich ohne Anstrengung zu bewegen. Oder wenn Sie in einem überfüllten Bus oder Zug stehen, wo Sie um Ihre Balance kämpfen müssen, können Sie die T'ai-Chi-Haltung von Schritt 9b (Seite 110) einnehmen. Und wenn Sie ein schweres Möbelstück verrücken, ein Auto anschieben oder etwas Schweres aus Hüfthöhe hochheben wollen, wenden Sie die Stoßbewegungen an, die in den T'ai-Chi-Übungen der Kurzform so häufig vorkommen. Sie können mit den Haltungen und Bewegungen experimentieren, die Sie im ersten Teil des Buches gelernt haben, und Sie werden sehen, wie gut sie sich in den Alltag integrieren lassen. Wenn sie erst Teil Ihres natürlichen Verhaltens geworden sind, werden Sie den Weg der Harmonie wirklich zu schätzen wissen.

Versuchen Sie sich beim Gehen leicht und locker zu fühlen, nicht gedrückt und schwer; denken Sie an die Chi-Gong-Übung »Gehen« auf Seite 42. Gehen ist eine subtile Form des Übens, und Sie sollten es oft praktizieren, vor allem, wenn Ihre Arbeit Sie häufig an den Schreibtisch fesselt. (Schwimmen und Joggen sind übrigens durchaus brauchbare Ergänzungen.) Selbst wenn Sie einfach nur stehen, sollten Sie versuchen, eher die Leichtigkeit als das Gewicht zu spüren. Wenn Sie irgendwo längere Zeit an einem Fleck verweilen müssen, ist es gut, das Gewicht einmal auf den einen, dann auf den anderen Fuß zu verlagern – das unterstützt den Kreislauf. Und wenn Sie sitzen, sollten Sie nicht in sich zusammensinken und auch nicht zu lange sitzen bleiben. Stehen Sie wenigstens jede Stunde einmal auf, dehnen

Sie sich und machen Sie eine kleine Übung. Schlafen Sie auch möglichst nicht ausgestreckt auf dem Bauch, sondern rollen Sie sich ein wenig zusammen. Auf diese Weise bleiben Ihre Gelenke locker.

Sie werden viele Gelegenheiten finden, die Anregungen, die dieses Kapitel bietet, in Ihr tägliches Leben einzugliedern. Sie können Ihre eigenen Reaktionen auf Yin und Yang und die fünf Elemente nutzen, um Ernährung und Eßgewohnheiten zu ändern und eine größere Ausgeglichenheit in Ihren Beziehungen zu erlangen. Es besteht keine Notwendigkeit, die tiefere Seite Ihres Wesens zu verstecken – den Mut, sie zu zeigen, ist eines der Anliegen dieses Buches. Denken Sie jedoch daran, daß Ihnen die Übungen und Beschreibungen in diesem Kapitel zwar den Weg zur Harmonie weisen können, gehen aber müssen Sie ihn selbst; Sie sind es, der sich durch Übung das Gefühl von Einheit, Ruhe und Bewußtheit erarbeiten muß.

Wer festhält an des Lebens Völligkeit,
der gleicht einem neugeborenen Kindlein:
Giftige Schlangen stechen es nicht.
Reißende Tiger packen es nicht.
Raubvögel stoßen nicht nach ihm.
Seine Knochen sind schwach, seine Sehnen weich,
und doch kann es fest zugreifen.
Es weiß noch nichts von Mann und Weib,
und doch regt sich sein Blut,
weil es des Samens Fülle hat.
Es kann den ganzen Tag schreien,
und doch wird seine Stimme nicht heiser,
weil es des Friedens Fülle hat.
Den Frieden erkennen, heißt ewig sein.
Die Ewigkeit erkennen, heißt klar sein.

(Laotse: *Tao Te King*, übersetzt von Richard Wilhelm)

摩腎堂圖法

兩手摩腎堂三十六以數多更妙

右法閉氣搓手令熱後摩腎堂如數畢仍收手握固再閉氣想用心火下燒丹田覺熱極即止

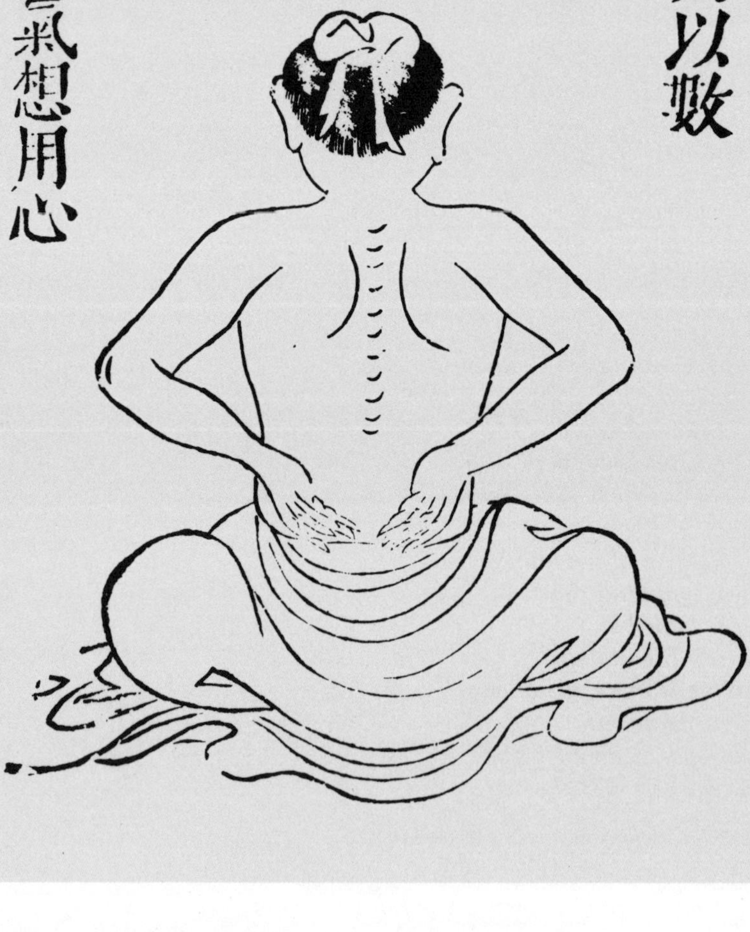

6 Therapeutische Anwendung

In diesem Buch haben wir immer wieder darauf hingewiesen, daß die sanften Künste auch therapeutische Eigenschaften haben und nicht nur fit halten, sondern auch zur Behandlung von Krankheiten oder bei labiler Gesundheit Anwendung finden. In der westlichen Medizin ist Bewegungstherapie weitgehend auf Physiotherapie beschränkt, ein Spezialgebiet für Muskel-, Bänder- und Knochenverletzungen. In China hingegen wird Körpertherapie viel weiter eingesetzt. Die Chinesen sind der Überzeugung, daß Krankheit ebensooft durch falsche Lebensführung wie durch Krankheitserreger hervorgerufen wird. In den vorhergegangenen Kapiteln haben wir uns damit befaßt, wie die Chinesen die »Balance« in ihrem Leben fördern. Nun wollen wir sehen, wie Sie durch bestimmte Übungen dieses Gleichgewicht wiederherstellen können, wenn es durch eine angeschlagene Gesundheit verlorengegangen ist.

Eines der grundlegenden Probleme in der westlichen Medizin ist die Tendenz, die Symptome einer Krankheit oder Störung zu behandeln, ohne nach ihren Ursachen zu fragen. Ein zweites Problem ist die Übermedikation, oft ohne ihre toxischen Nebenwirkungen genügend zu berücksichtigen. Ein Großteil dieser chemischen Therapie beruht auf ziemlich kurzfristigen Tests und Untersuchungen. Im Gegensatz dazu sind die östlichen Heilverfahren das Ergebnis jahrtausendealter Erfahrung. Ihre Behandlungsmethoden zielen auf die Ursachen einer Erkrankung ab und nicht auf ihre vordergründigen Manifestationen.

Im Laufe der Jahrhunderte wurden im Osten viele verschiedene, aber einander ergänzende Heilmethoden entwickelt – Akupunktur und Akupressur, chinesische Kräuterheilkunde und Massagetechniken, um nur ein paar Beispiele zu nennen. Alle diese Methoden haben zum Ziel, mit einem Minimum an Eingriff – wie starke Medikation oder Chirurgie – die Gesundheit wiederherzustellen und aufrechtzuerhalten. Mehr als die Hälfte der Gesundheitspflege in der Volksrepublik China besteht aus der Anwendung traditioneller chinesischer Heilverfahren – und einige dieser Therapien haben sich heute auch schon bei uns durchgesetzt.

Übung und Ausführung der sanften Künste ist ein hervorragendes Mittel zur Prophylaxe, und sie können auch im Krankheitsfall zur ausgleichenden Behandlung dienen. Chi Gong und T'ai Chi haben sich im Laufe ihrer Entwicklung als so heilsam erwiesen, daß ihre therapeutische Rolle den ursprünglich kampfsportlichen Zweck ganz verdrängt hat. Dieses Kapitel will noch einmal auf die Qualitäten der im ersten Kapitel dargestellten Künste hinweisen und einige weitere heilende Maßnahmen nennen, wie etwa Anregungen aus der Massage und der Akupressur. Ganz allgemein setzt man die hier empfohlenen Heilmethoden vor allem bei zwei Arten von Störungen ein: erstens bei temporären Leiden, wie Rücken- oder Kopfschmerzen, und zweitens bei chronischen Erkrankungen, wie Angstzuständen oder Bluthochdruck. Wenn Sie an solch einem chronischen Zustand leiden, sollten Sie allerdings keine sofortige Besserung erwarten. Die wohltuende Wirkung von Chi Gong oder T'ai Chi Chuan erfährt man in einem stufenweisen Prozeß, und es kann Wochen oder sogar Monate dauern, bis eine Veränderung eintritt.

Kopfschmerzen

Die chinesischen Ärzte kennen verschiedene Arten von Kopfschmerzen: Sie können von Streß und Erschöpfung, von Hitze oder Kälte herrühren, und viele verschiedene Organe und Meridiane sind mitbetroffen. Gelegentlich auftretende Kopfschmerzen sind meist das Resultat von Streß, Müdigkeit oder Überarbeitung, und die beste Art, mit ihnen umzugehen, sind vorbeugende Maßnahmen – indem Sie die Umstände vermeiden, die sie vermutlich auslösen. Regelmäßige Ausübung einer der Disziplinen im ersten Teil des Buches, vor allem die besonders sanften Formen wie Chi Gong und T'ai Chi Chuan, hilft, solche Kopfschmerzen zu vermeiden oder zu lindern.

Kopfschmerzen, die ihre Ursache in Verstopfung haben, treten als heftiger Schmerz in der Stirn auf. Schmerzen im Hinterkopf sind oftmals erste Anzeichen einer Erkältung. Diese Schmerzen bessert man am besten mittels der heilenden Übungen, die Sie nebenstehend finden, und mit den Akupressur- und Massagetechniken auf Seite 175. Die allgemeine Zielsetzung ist, zu entspannen und die Energie in den Kopf-Meridianen freizusetzen, so daß das Chi aus dem »überfüllten« Kopf nach unten abfließen kann.

Wenn Sie unter migräneartigen Kopfschmerzen leiden, so finden Sie als erstes heraus, ob bestimmte Speisen oder Getränke (etwa Kaffee, Rotwein oder Schokolade) als Auslöser wirken. Diese Art von Schmerzen ist oft mit Yang-Energie verbunden, die von der Leber aufsteigt, und man kann sie mit Übungen lindern, die Nieren und Leber mit Chi anreichern. Gleichmäßige, rhythmische Übungsformen wie Ba Duan Jun, T'ai Chi, Laufen oder Schwimmen helfen, die unkontrollierte heiße Energie absinken zu lassen.

Bei Kopfschmerzen, die mit dem Frühstadium einer Infektion oder Grippe verbunden sind, sollten Sie sich warm halten und schwitzen. Körperliche Übung ist dazu ebenso geeignet wie ein heißes Bad. Sie können aber auch ein heißes Ingwer-Fußbad nehmen oder einfach Ihre Mahlzeiten mit reichlich Ingwer würzen. Die Ursache von Kopfschmerzen liegt häufig im Verdauungssystem; Verdauungsprobleme unterbrechen oft den Chi-Fluß zum Kopf, wodurch die Schmerzen entstehen. Achten Sie darauf, daß Ihre Ernährung und auch Ihre Eßgewohnheiten speziell für Sie geeignet sind (siehe Seite 154–161) und daß Sie regelmäßig die sanften Künste praktizieren, um auf diese Weise den Chi-Fluß im Körperzentrum auszugleichen.

Die regelmäßige Ausübung der sanften Künste trägt ganz allgemein zur Verbesserung und Aufrechterhaltung der Gesundheit bei – sei es Chi Gong (S. 22–43), Hsing I (S. 44–63), Pa Kua (S. 64–81) oder T'ai Chi Chuan (S. 82–146). Aber einige Übungen sind für ganz spezifische Zustände besonders gut geeignet. Die Übungen, die in den Kästen in diesem Kapitel aufgeführt sind, dienen diesem Zweck. Sie sollten zusammen mit den hier beschriebenen Heilmethoden praktiziert werden.

Ba Duan Jin 5 bei dumpfen Kopfschmerzen, S. 31

Heilbehandlung bei Kopfschmerzen
Abgesehen von der Ausübung der sanften Künste können Sie sowohl Akupressur als auch Massage zur Linderung von Kopfschmerzen einsetzen. Eine sehr einfache östliche Methode ist die sanfte Massage des ganzen Gesichts mit den Fingern, wobei Sie gleichmäßig nach unten streichen und so die Blutzirkulation in der Haut anregen. (Das ist ein bekanntes Verfahren, das von den Shier Duan Jin oder den »zwölf subtilen Übungen« stammt.) Auch das Massieren von Nacken und Schulterblättern ist hilfreich.

Akupressur an den Augenbrauen
Drücken Sie, um Schmerzen im Stirnbereich zu lindern, fest auf die zwei Punkte unmittelbar über dem Augenbrauenende. Nehmen Sie dazu die Spitzen von Zeige- und Mittelfinger, drücken Sie etwa zehn Sekunden lang, und lassen Sie dann los. Wiederholen, bis die Kopfschmerzen nachlassen.

Akupressur des »dritten Auges«
Legen Sie die Spitze des Mittelfingers auf den Punkt über der Nasenwurzel und etwas unterhalb der Stirnmitte. Drücken Sie 10–20 Sekunden lang fest darauf, und lassen Sie dann los. Wiederholen, bis der Schmerz nachläßt.

Die Trommel des Himmels schlagen
Dieser Griff wirkt auf zwei Akupunkturpunkte beidseits der Halswirbelsäule. Legen Sie die Hände an beide Seiten des Kopfes, so daß die Finger flach auf dem Nacken liegen. Trommeln Sie mit den Fingern etwa eine Minute lang auf den Schädelansatz. Die Chinesen wenden dieses Verfahren an, um Schmerzen im Hinterkopf zu lindern.

Bluthochdruck

Probleme mit zu hohem Blutdruck und den weniger lebensbedrohlichen Kreislaufstörungen sind in der westlichen Welt sehr verbreitet. Die Ärzte pflegen ihren Patienten zu erklären, daß ihr Blutdruck hoch oder niedrig ist, teilen ihnen vielleicht auch die Meßwerte mit, aber nur wenige Patienten erfahren, was diese Werte tatsächlich bedeuten. Wenn Sie hören, Ihr Blutdruck sei höher oder niedriger als der Normalwert (etwa 120/80), so sagt Ihnen das meist wenig.

Doch was bedeuten diese beiden mysteriösen Zahlen? Der obere Wert repräsentiert das Maximum an Druck, das aufgewendet wird, wenn sich das Herz zusammenzieht, um das Blut in das Kreislaufsystem zu pumpen. Die untere Zahl entspricht dem Druck im Ruhezustand; das ist der Moment zwischen zwei Pumpzyklen des Herzens.

Sanftes körperliches Training, wie Laufen und Schwimmen, ist grundsätzlich gut; auch Massage ist hilfreich. Wer ernsthafte Herzprobleme hat, sollte mit einem Arzt über die geeignete Art körperlicher Übungen sprechen.
Hsing I, *Hämmern*, S. 55
Ba Duan Jin, vor allem 5 bei Bluthochdruck, S. 31
Ba Duan Jin bei niedrigem Blutdruck, S. 33
Ba Duan Jin 8 bei labilem Kreislauf, S. 32
Yang-Atem, S. 25

Der Blutdruck variiert von Person zu Person, von Minute zu Minute und von Tag zu Tag. Alle unsere Organe können den Körper aus dem Gleichgewicht bringen, was zur Folge hat, daß der Blutdruck zu hoch oder zu niedrig für das Wohlbefinden eines Menschen ist. Man hat festgestellt, daß die Blutdruckwerte bei der Messung durch einen Arzt oft höher liegen, als wenn dies durch eine Krankenschwester geschieht, weil manche Patienten dazu neigen, angesichts eines Arztes nervöser zu sein (das nennt man das »Weißmantel-Bluthochdruck«-Syndrom). Menschen, die eine Ausdauersportart betreiben, haben häufig einen niedrigeren Blutdruck als normal, und viele andere leben jahrelang glücklich und zufrieden mit einem Blutdruck weit über der Norm. Ein gesunder Blutdruck sollte dem Individuum entsprechen, nicht der sogenannten Norm.

Für die Chinesen liegt der Schlüssel zum richtigen Verständnis des Blutdrucks in dem Satz: »Blut ist die Mutter des Chi, aber das Chi ist der Beherrscher des Blutes.« Unter Blut wird allgemein die Substanz verstanden, die uns füllt und uns Festigkeit verleiht, die das Haar und die Nägel kräftigt, die den Blick klar hält und uns ein Gefühl des Da-Seins in der Welt verleiht. In diesem Sinn ist Blut der Boden, dem die Lebensenergie entspringt. Aber das Chi ist nötig, um das Blut im Körper zirkulieren zu lassen. Alle sanften Bewegungskünste dienen dazu, diese Energieausgewogenheit zu entwickeln; demnach ist die auf längere Sicht beste und wirkungsvollste Art, dies zu erreichen, das regelmäßige Praktizieren der Übungen.

Übungen bei Blutdruck-störungen
Das Blasebalgatmen verbessert den Kreislauf und unterstützt das Herz – wie viele andere Übungen, bei denen man die Arme nach oben und unten und zu den Seiten schwingt. Die Armschwingübung auf S. 185 ist ein anderes bekanntes Beispiel. Die Armbewegungen sind in den Aufwärmübungen der sanften Künste und im Ba Duan Jin häufig zu finden.

A

Blasebalgatmen
A *Stellen Sie sich vor, daß Ihre Arme Blasebalge sind. Stehen Sie aufgerichtet und entspannt, die Beine in Schulterbreite gegrätscht. Atmen Sie ein, während Sie beide Arme in Schulterhöhe heben, die Ellbogen seitlich nach außen, Hände vorn, Handflächen nach vorn und unten gewandt.*

B *Atmen Sie durch die Nase aus, während Sie die Ellbogen bis zur Brustmitte und die Hände bis zur Körpermitte senken, Abstand etwa 15 cm, die Handflächen unverändert. Wiederholen Sie diese Übung gleichmäßig und langsam mindestens zehnmal.*

B

Angstzustände, Depression und Schlafstörungen

Das chinesische Verständnis von Angstzuständen und Depression ist ganz anders als das unsere. Chinesische Ärzte gehen davon aus, daß es für diese Zustände eindeutige Ursachen gibt, die man in der Lage ist, zu behandeln. Das Problem kann auf die Ernährung, die Arbeit, die Familiensituation oder das emotionale Leben des Patienten zurückzuführen sein, und es ist immer möglich, etwas für den Betroffenen zu tun.

Das traditionelle Wissen um die heilsame Wirkung der sanften Künste bei solchen Störungen wurde durch ausgedehnte klinische Untersuchungen in China und in den USA bestätigt. Man stellte fest, daß sich T'ai Chi Chuan bei der Behandlung von Angstzuständen, Depression und auch von Schlafstörungen sehr gut bewährt hat. Da in der chinesischen Medizin emotionale Zustände mit bestimmten Körperorganen in Beziehung gebracht werden, lassen sich diese Störungen durch die entsprechenden Organe diagnostizieren und behandeln (Seite 151). Angstzustände und Paranoia stehen beispielsweise mit den Nieren in Verbindung; Verstimmungen, Hoffnungslosigkeit und Frustration haben mit der Leber zu tun; Gefühle von Lieblosigkeit sind mit dem Herzen, Sorgen und Unsicherheit mit der Milz, Gefühle von Verlust oder Versagen mit der Lunge assoziiert. Durch die Praxis derjenigen Übungen, die speziell auf die entsprechenden Organe Einfluß haben, lassen sich auch die mit ihnen verbundenen emotionalen Zustände bessern. Auch Behandlungsmethoden wie Akupunktur oder Kräuterkuren können sehr erfolgreich sein.

Chi Gong (S. 22–43) und Meditation (S. 166) wirken beruhigend auf jene, die an Angstzuständen leiden; bei Depression sind sie jedoch weniger wirksam. T'ai Chi hilft bei allen genannten Störungen. Laufen und Joggen sind ebenfalls gut gegen Angst und Schlafstörungen.
Ba Duan Jin 2 und 5, S. 28 und S. 31.
Ba Duan Jin 7, vor allem bei Erschöpfungszuständen, S. 33.

Akupressur bei Schlafstörungen
Setzen Sie sich auf einen festen Stuhl, und legen Sie den linken Fußknöchel auf das rechte Knie. Ergreifen Sie die Außenseite des Fußes mit der rechten Hand, und drücken Sie den Daumen fest in den Bereich in der Mitte gerade unter den Zehenballen (siehe rechts). Drücken Sie etwa zehn Sekunden lang auf diesen Akupunkturpunkt und lassen Sie dann los. Wiederholen Sie dasselbe am anderen Fuß.

Verdauungsstörungen

Verstopfung, schlechte Verdauung, Fettleibigkeit und andere Störungen, die mit der Verdauung zusammenhängen, sind heutzutage im Westen außerordentlich verbreitet – eine falsche Lebensführung ist wahrscheinlich die Hauptursache dafür. Die Chinesen sind der Überzeugung, daß Bewegungsmangel häufig zu Verdauungsproblemen führt; deshalb sollte man als erstes mit regelmäßigen Übungen beginnen.

Doch vor allem werden Verdauungsstörungen von den Nahrungsmitteln verursacht, die wir essen. Eine Ernährung mit zu viel Protein, Fett, Säuren und zu wenig Ballaststoffen wird stets zu Problemen führen. Die Ernährungsrichtlinien in Kapitel 5 (Seite 154–161) weisen Ihnen den Weg zu einer besseren Verdauung; auch sanfte körperliche Übungen sind hilfreich. Bei chronischer Verstopfung wird Joggen und Hüpfen empfohlen. Tiefes Atmen (Seite 25) kräftigt die Bauchmuskulatur, und dies wiederum hilft gegen Verstopfung. Gegen andere chronische Verdauungsstörungen hilft die Praxis von Ba Duan Jin, Hsing I und T'ai Chi; alle diese Formen sind gut für die inneren Organe. Chi Gong wird auch eingesetzt, um spannungsbezogene Störungen wie Verdauungsschwäche und Magengeschwüre zu behandeln.

Zu den einfachen Übungen zur Tonisierung der Verdauungsorgane gehören auch das Beinkreisen (unten) und Übungen in der Hocke.

Ba Duan Jin 3 und 5, S. 30.
Ba Duan Jin 6, vor allem bei Verstopfung, S. 32.
Hsing I, Zermalmen (Holz), S. 52.

Verdauungsfördernde Massage
Stehen Sie gerade, legen Sie die linke Hand auf das Tan Tien (S. 24) und die rechte darüber. Drücken Sie sanft nach innen, und kreisen Sie mit den Händen langsam im Uhrzeigersinn. Damit wird das Verdauungssystem angeregt.

Beinkreisen
Legen Sie sich mit einem Kissen unter dem Kopf auf den Boden; ziehen Sie beide Beine an, und rollen Sie fünf- bis zehnmal von einer Seite zur anderen. Das kräftigt und stimuliert.

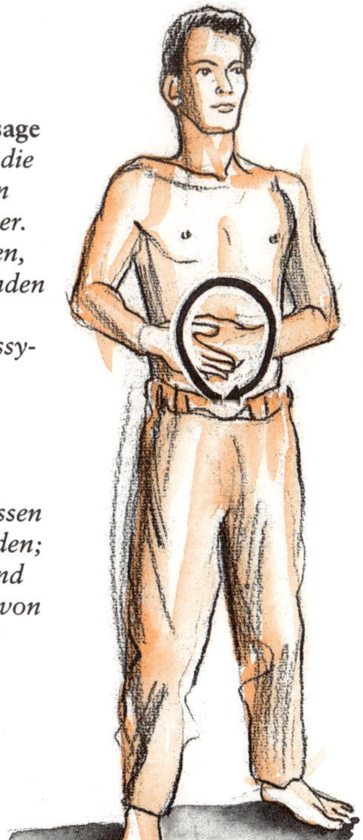

Nacken- und Rückenschmerzen

Die Wirbelsäule ist buchstäblich das, was den Körper aufrecht hält. Sie ist Sitz und Schutzgehäuse des zentralen Nervensystems – aber sie ist auch Ausgangspunkt körperlicher Schmerzen und Leiden.

Es gibt viele verschiedene Ursachen für Schmerzen im Nakken und im oberen und unteren Rückenbereich. Wie Kopfschmerzen werden sie oftmals durch Streß und Übermüdung ausgelöst; die Chinesen bringen sie häufig mit Störungen der inneren Organe in Verbindung – etwa der Lungen, Nieren, Gallenblase oder Leber. Die häufigste Ursache aber ist eine schlechte Körperhaltung. Westliche Menschen nehmen gern eine steife Haltung ein: Schultern nach hinten, Brust heraus, Bauch eingezogen – eine Haltung, die unweigerlich zu Rückenschmerzen und allen möglichen Problemen mit der Wirbelsäule führt. Eine hängende Haltung kann ebenso schädlich sein. Sie wird durch schlechte Sitzgelegenheiten bei der Arbeit, in Autos und in öffentlichen Verkehrsmitteln noch gefördert; nach einer langen Autofahrt – und oft sogar einfach nach einem Tag am Schreibtisch – fühlt man sich steif und wund. Regelmäßige Ausübung der sanften Künste wird auf lange Sicht ihre Haltungsgewohnheiten verändern und die Entwicklung ernsthafter Störungen verhindern. Wenn Sie ständige Rückenschmerzen haben, sollten sie allerdings einen Facharzt aufsuchen.

Armschwingen und Übungen für die Hüften im Stehen sind gut bei Schmerzen im unteren Rücken (s. S. 185).

Ba Duan Jin 2, vor allem bei steifen Schultern, S. 28.
Ba Duan Jin 6, weniger geeignet bei Schmerzen im unteren Rükken, S. 32.

A

Übungen für den Nacken
A *Legen Sie Ihre Hände flach an die Stirn. Drücken Sie den Kopf nach vorn, und spannen Sie dabei die Nackenmuskeln an. Fünf Sekunden lang so verbleiben.*

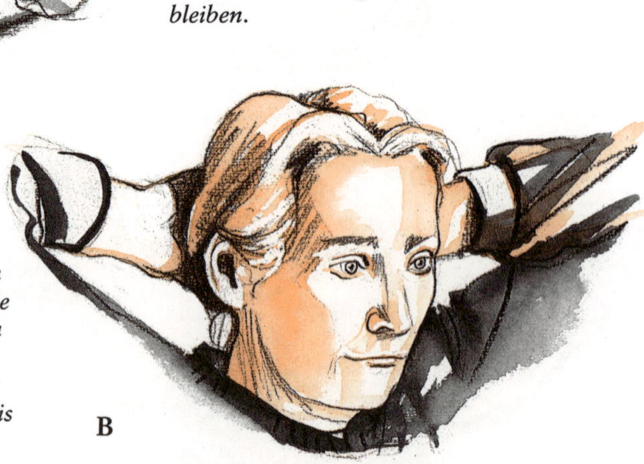

B

B *Legen Sie die Hände an den Hinterkopfansatz, drücken Sie mit den Nackenmuskeln etwa fünf Sekunden nach hinten. Wiederholen Sie diese Übung nach vorn und nach hinten, bis die Schmerzen nachlassen.*

Nackenmassage
Es gibt eine Reihe von Akupunkturpunkten beidseits der Halswirbelsäule. Massieren Sie diese mit den Fingerspitzen, um die Spannung im Nacken zu lösen.

Massage des unteren Rückens
Um Schmerzen im mittleren und unteren Rücken (im Bereich der Nieren) zu lindern, setzen Sie sich aufrecht auf einen Hocker oder einen festen Stuhl und massieren mit den Fingerspitzen diesen Bereich beidseits der Wirbelsäule. Wenn Sie eine kräftigere Massage wünschen, nehmen Sie die Fingerknöchel.

Dehnen des Rückens
Das ist gut bei Schmerzen im unteren Rücken und zum Dehnen der Beinmuskulatur. Setzen Sie sich mit ausgestreckten Beinen auf den Boden. Neigen Sie sich vor, und ergreifen Sie die Zehen, wobei sich Ihre Wirbelsäule dehnt. Atmen Sie beim Vorbeugen aus; bleiben Sie etwa zwei bis fünf Sekunden gestreckt, und atmen Sie ein, wenn Sie sich wieder aufrichten. Wenn das Strecken der Beine Schmerzen verursacht, können Sie die Knie leicht lockern. Wiederholen Sie die Übung bis zu zehnmal.

Rheumatismus und Arthritis

In der traditionellen chinesischen Medizin fallen Rheumatismus und Arthritis in eine gemeinsame Kategorie: das »Blokkade-Syndrom«. Die Chinesen interpretieren diese Leiden als eine Blockade des Blut- und Energieflusses irgendwo im System, ähnlich einem durch Schlamm oder Sand gestauten Fluß. Das kann diverse Ursachen haben, wie etwa alte Wunden, die nie richtig verheilt sind, Überbeanspruchung eines bestimmten Gelenks oder einer Sehne oder eine falsche Ernährung, durch die das Blut mit Schadstoffen angereichert wurde (ein typisches Beispiel ist der Gichtzeh eines Portweintrinkers). Zuviel Hitze, zuviel Kälte, zuviel Feuchtigkeit oder eine individuell unangepaßte Ernährung können den Fluß behindern, und zwar mit sehr schmerzhaften Konsequenzen.

Die Verordnungen chinesischer Ärzte hängen von der Beantwortung einer Reihe von Fragen ab. Werden der Rheumatismus oder die Arthritis bei kaltem Wetter schlimmer? Dann wäre vielleicht eine »heißere« Ernährung angezeigt (siehe Seite 154–161). Wenn feuchtes Wetter die Symptome verschlimmert, könnte ein Teil des Problems darin bestehen, daß eine zu große Menge bestimmter Nährungsmittel Feuchtigkeit produziert, das heißt Süßes und Milchprodukte. Ein wichtiger Teil der Behandlung besteht oft in der Ernährungsumstellung, um den Blut- und Energiefluß zu verbessern. Wie immer in der chinesischen Medizin, gibt es nicht nur eine Antwort auf ein Problem; jeder Mensch ist ein eigenes Individuum, und für den Arzt liegen die Probleme – wie auch die Lösungen – im gesamten Kontext der Lebensführung eines Patienten.

Rheumatische oder arthritische Beschwerden werden oft durch Einwirkung großer Kälte oder Feuchtigkeit ausgelöst. Eine gute Erste-Hilfe-Maßnahme bei Schmerzen in Händen oder Füßen ist ein Hand- oder Fußbad mit frischem Ingwer (schneiden Sie dazu ein Stück Wurzel von Golfballgröße in kleine Scheibchen). Ingwer wärmt, bringt die Körperenergie in Fluß und befreit die Gelenke von Kälte (Seite 160). Wenn Sie das Gefühl haben, daß die Kälte bis in die Knochen gedrungen ist, können Sie sogar ein Ingwerbad nehmen (machen Sie einen Aufguß, indem Sie geschnittenen Ingwer einige Minuten in heißes Wasser legen). Ganz allgemein hilft gegen Rheumatismus und Arthritis alles, was den Chi-Fluß anregt. Sanfte körperliche Übungen, die man nur langsam steigert, und Massage sind ebenfalls sehr wohltuend.

Bei Rückenschmerzen können Ihnen die Übungen für den Rükken auf S. 181 und 183 helfen. Die Liegeübung auf S. 185 lindert auch Schmerzen im Bereich des Beckens und des unteren Rückens.

Ba Duan Jin 1 und 8, S. 26 f. und S. 33.
Ba Duan Jin 4, vor allem bei Steifheit oder Schmerzen im Nacken, S. 30 f.

Übungen für Rücken und Schultern

Setzen Sie sich auf einen Hocker oder festen Stuhl, den Rücken gerade, die Hände auf den Oberschenkeln. Beugen Sie sich dann vor, und lassen Sie die Hände an den Beinen so weit hinuntergleiten, wie es Ihnen ohne Anspannung möglich ist. Richten Sie sich wieder auf, und wiederholen Sie die Übung fünfmal.

Arme kreisen

Eine weitere Hilfe bei Schulterschmerzen oder Steifheit ist das rhythmische Kreisen der Arme. Halten Sie die Fäuste leicht geschlossen. Kreisen Sie eine oder zwei Minuten lang oder bis Sie müde werden.

Handübungen

Die Chinesen verwenden dazu ein Paar schwerer Metallkugeln (China-Kugeln oder Qui-Gong-Kugeln, erhältlich in China-Läden). Jede Kugel produziert einen unterschiedlich hohen und sanften Glockenton (Yang und Yin). Die Übung besteht darin, in der Hand eine Kugel um die andere zu bewegen (Könner bewegen die Kugeln, ohne daß sie einander berühren). Wechseln Sie die Hände ab.

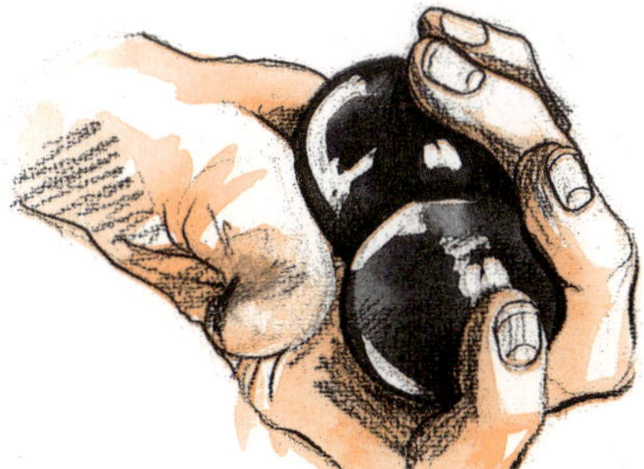

Schwangerschaftsübungen

Die Schwangerschaft ist zwar kein Zustand, der den Körper schwächt, aber die werdende Mutter ist ganz spezifischen Belastungen ausgesetzt. Abgesehen von dem Wunder, daß ein Baby in ihr wächst, finden sehr extreme Veränderungen in ihrem Körper statt. Es ist durchaus in Ordnung, in der Schwangerschaft die sanfteren Übungen der Bewegungskünste zu praktizieren, aber Sie sollten sehr achtsam sein, um die Gelenke und Muskeln nicht zu überdehnen. Chi Gong und die sanften Ba-Duan-Jin-Übungen sind für eine normal verlaufende Schwangerschaft gut geeignet; wenn der Körper schwerer wird, kann man sich auf die Chi-Gong-Sitz-Übungen (Seite 36) beschränken. Hsing I und Pa Kua sollten Sie vermeiden, doch T'ai Chi kann in den ersten sechs Monaten ohne weiteres praktiziert werden (danach sollte man bis zur völligen Wiederherstellung nach der Geburt die Fußstöße und die Übungen mit einer starken Beugung nach unten ausklammern).

Die Schwangerschaft bewirkt das Freisetzen eines Hormons, das es jedem Gelenk des Körpers ermöglicht, flexibel zu werden. Mit dem Wachstum des Kindes dehnt sich der Brustkorb bis zu fünf Zentimeter weiter aus, so daß einige inneren Organe von der wachsenden Gebärmutter nach oben geschoben werden. Aber auch die Wirbelsäule dehnt sich aus, was häufig Schmerzen im unteren Rücken und in anderen Bereichen zur Folge hat, hauptsächlich bei fortgeschrittener Schwangerschaft. Auf gar keinen Fall sollten Sie versuchen, gegen solche Schmerzen mit Übungen anzugehen, bei denen man auf dem Rücken liegt und die Hüften hebt. Damit belasten Sie die Wirbelsäule nur noch mehr. Versuchen Sie es statt dessen lieber mit der Rückenmassage auf Seite 181. Auch nach der Entbindung sollten Sie mit Ihrem Rücken achtsam umgehen. In dieser Zeit sind regelmäßige sanfte Übungen besonders wertvoll. Achten Sie auf eine gute Haltung (Seite 180), und vermeiden Sie unnötige Anspannung, wie etwa das Vorbeugen und Hochheben. Wenn Sie etwas aus mittlerer Höhe heben wollen, gehen Sie in die Knie und verteilen die Hauptlast des Gewichts auf die Arme (siehe auch Seite 170).

Einige Übungen für Schwangere dienen zur allgemeinen Fitneß, andere zur Geburtsvorbereitung, aber jegliche sanfte Körperbewegung ist von großem Nutzen.

Einige der körperlichen Probleme, um die es in diesem Kapitel geht, treten oft auch in der Schwangerschaft auf. Jede der empfohlenen Übungen und anderen heilenden Maßnahmen werden Ihnen guttun, da sie sanft und unbedenklich sind; aber bleiben Sie stets achtsam. Wenn Sie irgendwelche Zweifel haben, sollten Sie einen Arzt konsultieren.
Ba Duan Jin 1 und 3, S. 26–27 und S. 30.

Stehübung für die Hüften
Stehen Sie mit schulterbreit gegrätschten Beinen, und legen Sie die Hände auf den rückwärtigen Teil der Hüfte, Handflächen nach innen. Verlagern Sie Ihr Gewicht zur Seite auf das rechte Bein, dann zurück zur Mitte und auf das linke Bein. Schwingen Sie derart von Seite zu Seite.

Arme schwingen
Diese sanfte Übung ist hervorragend geeignet, den Körper zu kräftigen, die Energie zu verstärken und den Kreislauf zu verbessern. In China ist sie sehr verbreitet. Stehen Sie einfach aufrecht, die Beine schulterbreit gegrätscht, die Arme an den Seiten. Drehen Sie die Handflächen nach vorn, und schwingen Sie die Arme von vorn bis in Schulterhöhe und dann wieder hinunter und nach hinten. Wie oft Sie diese Übung wiederholen, hängt von Ihrer Verfassung ab (normalerweise 200mal täglich bei einem gesunden Menschen).

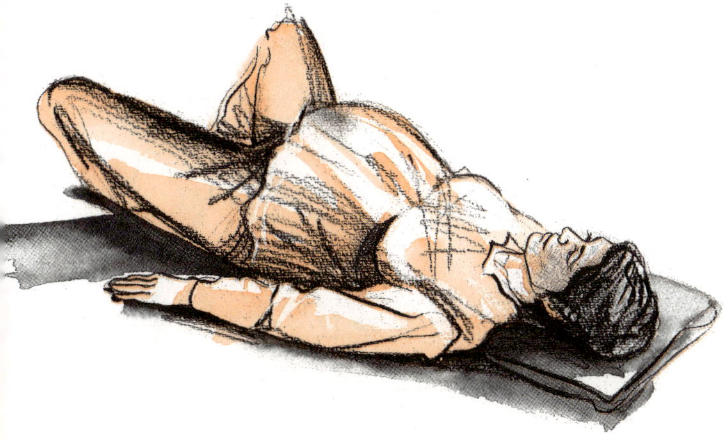

Liegeübung
Diese Übung dient zur Geburtsvorbereitung. Legen Sie sich mit einem Kissen unter dem Kopf auf den Rücken, die Arme an den Seiten. Stellen Sie die Beine auf und lassen Sie die Knie auseinanderfallen, so weit, wie es ohne Spannung geht. Bleiben Sie zwei bis drei Sekunden so, und schließen Sie die Knie dann wieder. Wiederholen Sie die Übung 20mal.

Übungen für Ältere

Im Westen geht man davon aus, daß der Körper mit zunehmendem Alter schwach und gebrechlich wird und immer mehr Beschwerden verursacht. Natürlich neigt der Körper im Alter dazu, steifer und unbeweglicher zu werden und nur zögerlich auf die üblichen medizinischen Behandlungen anzusprechen. Nach chinesischer Auffassung beginnt die Lebensenergie, die in den Nieren gespeichert ist, abzunehmen und zirkuliert nicht mehr so ungehindert im Körper.

Zur Revitalisierung ist hier die Ausführung der sanften Künste besonders gut geeignet. Klinische Untersuchungen in China haben gezeigt, daß ältere Leute, die T'ai Chi Chuan oder Chi Gong praktizieren, wesentlich gesünder sind als solche im gleichen Alter, die das nicht tun. Vor allem Herz, Atmung und Kreislauf wie auch die allgemeine Beweglichkeit sind in weit besserem Zustand. Wenn Sie an einer chronischen Krankheit leiden, sollten Sie ärztlichen Rat einholen, bevor Sie sich zum erstenmal an die Ausübung einer der Bewegungskünste wagen. Und wenn Sie damit beginnen, kann es ein paar Monate dauern, bis Sie die positiven Wirkungen spüren. Doch wenn die Veränderungen erst einmal eingetreten sind, werden sie Ihre Gesundheit bedeutend verbessern.

Armeschwingen (S. 185) ist eine gute Ergänzung zum Händeschwingen auf der nächsten Seite.
Ba Duan Jin 1–8, S. 26–33.

Übung für Knie und Wirbelsäule

A *Stehen Sie mit schulterbreit gegrätschten Beinen, und atmen Sie ein, während Sie die Arme seitwärts bis Schulterhöhe heben.*

B *Atmen Sie aus, während Sie leicht in die Knie gehen und die Arme nach unten schwingen, bis sie sich vor der Brust kreuzen. Atmen Sie beim Heben der Arme wieder ein, und strecken Sie die Beine. Wiederholen Sie die Übung fünfmal.*

A

B

Hände schwingen
Stehen Sie mit schulterbreit gegrätschten Beinen, und drehen Sie den Oberkörper mit den sanft nach rechts schwingenden Armen mit. Schauen Sie dabei nach links. Lassen Sie die Arme wie ein Pendel schwingen – nach rechts und wieder nach links usw., mindestens fünfmal im Wechsel.

Stampfender Drache
Nehmen Sie dieselbe stehende Haltung ein wie zuvor, und heben Sie sich langsam auf die Zehenspitzen, so weit Sie können. Recken Sie den Körper nach oben, und strecken Sie zugleich die Hände nach unten, die Finger nach innen gerichtet. Lassen Sie sich wieder auf die Fersen nieder, und entspannen Sie sich. Fünfmal wiederholen.

Den Fuß-Punkt stärken
Das Drücken dieses Akupunkturpunktes ist gut für die allgemeine Gesundheit und für Verdauungsprobleme. Er liegt am oberen Ende des Schienbeins in der Rundung, wo sich der Knochen zum Knie hin verbreitert. Drücken Sie 20mal tief hinein.

Asthma

Asthma ist unter Umständen recht schwierig zu behandeln, da es diverse Ursachen haben und durch unterschiedliche Einflüsse aufrechterhalten werden kann. Oft ist auch eine erbliche Veranlagung vorhanden; die Chinesen sind allerdings der Überzeugung, daß Asthma mit wenigen Ausnahmen erleichtert, wenn nicht gar geheilt werden kann. Asthma ist immer mit Störungen des Atemsystems verbunden, und alle Übungen für die Lungen sind hier angezeigt, wie etwa die Atemübungen in Kapitel 5 (Seite 167 ff.), Ba Duan Jin 1–4 (Seite 26–31) und Hsing I, Spalten (Seite 50–51). Es können aber auch noch andere Organe beteiligt sein.

Asthmakranke sollten schleimfördernde Nahrungsmittel vermeiden, vor allem Milchprodukte. Schleim ist bei Asthma die wichtigste Komponente; man kann sein Vorhandensein als Verfestigung in der Brust wahrnehmen, oder er löst Husten und tiefes Keuchen aus. Nach chinesischer Auffassung sind Milz und Magen für die Schleimproduktion verantwortlich. Wenn diese Organe durch fette Speisen, die sie nicht verarbeiten können, oder viel Hitze – zum Beispiel von der Leber, vom Rauchen oder von einer Infektion – überbelastet sind, produzieren sie extreme Mengen von Schleim. Die Chinesen meinen auch, daß zuviel Denken zu einer Überproduktion von Schleim führt, weshalb man intellektuelle Aktivität durch körperliche Bewegung und Meditation ausgleichen sollte. Massieren Sie harte oder angespannte Brustbereiche mit Strichen von außen und unten. Medikamentöse westliche Behandlung hat oft, auch wenn Sie im akuten Fall helfen mag, eine schwächende Langzeitwirkung, sowohl körperlich – indem sie Lunge, Nieren und Leber belastet – als auch psychisch, da sie häufig eine den Genesungsprozeß behindernde Abhängigkeit erzeugt. Sie stellen vielleicht fest, daß sich Ihr Zustand durch Streß, Ärger oder Müdigkeit verschlechtert. In jedem Fall werden die sanften Künste Ihnen helfen, diesen Situationen mit mehr Kraft und Flexibilität zu begegnen. Sie werden vielleicht viel Ruhe und Schlaf brauchen, um Ihre Energiespeicher wieder aufzufüllen, vor allem, wenn Sie abends nach der Arbeit unter einem Anfall leiden. Ein anderer Faktor, den man im Westen meist übersieht, der jedoch in der chinesischen Medizin für sehr wichtig gehalten wird, ist der Einfluß des Darms (Schwester der Lungen) auf die Atmung. Oft löst Verstopfung einen Asthmaanfall aus. Richtige Ernährung und körperliche Bewegung sind also von größter Wichtigkeit.

Register

Die fettgedruckten Ziffern weisen auf die jeweils umfangreichste Ausführung hin.

Danksagung des Autors

Zur Entstehung dieses Buches haben viele Menschen beigetragen, indem sie mir ihre Zeit zur Verfügung stellten und mir die Zeit, die ich mit ihnen hätte verbringen sollen, gewährten, um an diesem Buch zu arbeiten. Das gilt vor allem für meine Frau und für meine beiden Kinder Amy und Leila. Es gilt auch für meine Mutter Pat, meinen Bruder Simon und meine Schwestern Jan und Fiona.
Ganz besonders stehe ich in der Schuld meiner wichtigsten Ratgeber für Teil 1: Lam Kam Chuen, Danny Connor und Nigel Sutton. Robin Rucher schulde ich Dank für das hervorragende Material, das er mir für Teil 2 zur Verfügung gestellt hat. Alle, die an diesem Buch beteiligt waren, haben ihre Zeit und ihr Denken großzügig angeboten, und besonders danken möchte ich Riete Oord für ihre Geduld.
Alle Mitarbeiter von Gaia Books waren mir eine große Hilfe: Phil Wilkinson, der mit der Bearbeitung des Buches begann, und Ros Mair, der sie beendete, Sara Mathews mit ihrer subtilen künstlerischen Gestaltung und Lucy Lidell mit ihrer geschickten Produktionsleitung. Schließlich sei mein tiefer Dank gegenüber Dr. Peter Silverwood-Cope und Meister Hung I-Hsiang ausgesprochen, die mich in die Bewegungskünste und in die inneren Künste einführten.

Danksagung des Gaia-Verlages

Gaia möchte alle jenen in der Trundel Street danken, die großzügig ihre Hilfe zur Verfügung stellten – vor allem Lesley Gilbert, Helen Banbury und Eve Webster. Wir danken auch Danny Connor, Lam Kam Chuen und Nigel Sutton für ihre Geduld und Großzügigkeit bei den Fotoarbeiten für dieses Buch. Die folgenden Modelle stellten ihre Zeit und ihre Sachkenntnis zur Verfügung: Leon Bryce, John Spencer Gardiner, Ayumu Kawajiri, Lai Chan, Caroline Lissant, Mew Hong Tan, Erik Ness, Ruth O'Dowd, Fons Sarneel, Odette Slater, Alice Stopozynski, Jill Sugden, David Watson und Marek Ziebart. Debbie Hinks verdient besonderen Dank für ihren Beitrag zur Illustration; und Brian McKenzie und Mew Hong Tan gewährten ebenfalls künstlerische Hilfe. Beth McKillop von der östlichen Abteilung der British Library half mit ihrer Sachkenntnis bei der Auswahl der östlichen Bilder. Howard Reids Assistent Yin King Chiu gewährte seine Unterstützung bei Fragen der Übersetzung und Transkription.

Zitate aus dem *Tao Te King* stammen aus der Übersetzung von Richard Wilhelm, Diederichs, Düsseldorf 1952.

Deutsche Bibliographie

Da Liu, *Tao der Gesundheit und Lebensfreude,* Fischer, Frankfurt/M. 1982

Laotse, *Tao Te King,* Diederichs, Düsseldorf 1957

Fotonachweis

Alle Fotografien in diesem Buch stammen von Fausto Dorelli, mit Ausnahme folgender Aufnahmen: S. 6 The Image Bank, St Martins Lane, London WC2; S. 11 Rodney Wilson; S. 15, 148, 172 mit Erlaubnis der British Library; S. 159 Greg Evans Photolibrary, Charlotte St, London W1.